Terry Pratchett

Die staubsaugende Schreckschraube

Zu diesem Buch

Die großartige Erzählungssammlung aus der Jugendzeit des Großmeisters: In vierzehn Storys erleben wir, wie ein gewisser Terry Pratchett, junger Reporter bei einem Lokalblatt, die ersten seiner irrwitzigen Weltentwürfe zu Papier brachte. Ob haarsträubende Abenteuer mit einer schlecht gelaunten Hexe auf einem Staubsauger, einem zeitreisenden Fernseher oder die Begegnung mit einer unbeugsamen Ameise namens 4179003 – Pratchetts ganz besonderer Humor wird schon in diesen frühen Erzählungen deutlich und begeistert mit den witzigen Illustrationen des britischen Künstlers Mark Beech junge und junggebliebene Fans des Scheibenwelt-Schöpfers.

Terry Pratchett, geboren 1948 in Beaconsfield, England, erfand in den Achtzigerjahren eine ungemein flache Welt, die auf dem Rücken von vier Elefanten und einer Riesenschildkröte ruht, und hatte damit einen schier unglaublichen Erfolg: Ein Prozent aller in Großbritannien verkauften Bücher sind Scheibenweltromane. Jeder achte Deutsche besitzt ein Pratchett-Buch. Terry Pratchett erhielt zahlreiche Auszeichnungen, darunter den »World Fantasy Lifetime Achievement Award« 2010. Zuletzt lebte der Autor in einem Anwesen in Broad Chalke in der Grafschaft Wiltshire, wo er am 12. März 2015 verstarb.

TERRY
PRATCHETT

DIE STAUBSAUGENDE SCHRECKSCHRAUBE

und andere Storys
vom Schöpfer der Scheibenwelt

Illustriert von Mark Beech

Aus dem Englischen
von Andreas Brandhorst

PIPER

Entdecke die Welt der Piper Fantasy:

PiperFantasy.de

Zu den lieferbaren Büchern von Terry Pratchett
bei ivi und Piper siehe Seite 316.

MIX
Papier aus verantwortungsvollen Quellen
FSC® C083411
www.fsc.org

Ungekürzte Taschenbuchausgabe
ISBN 978-3-492-28157-7
1. Auflage Juli 2018
2. Auflage August 2018

Titel der englischen Originalausgabe:
»The Witch's Vacuum Cleaner« bei Doubleday Childrens/
Random House UK, London 2016

Umschlaggestaltung: zero-media.net, München
Umschlagabbildung: Mark Beech
Satz: Tobias Wantzen, Bremen
Gesetzt aus der Quadraat
Druck und Bindung: CPI books GmbH, Leck
Printed in the EU

Und so beginnt die Reise, junger Terry.

Wer weiß, wohin sie dich führen wird?

Los geht's!

Terry Pratchett

Salisbury,

Vereinigtes Königreich

Inhalt

Vorwort

Glauben Sie an Magie? Können Sie sich einen Krieg zwischen Zauberern vorstellen? Eine aufregende Reise an Bord eines Luftschiffs oder in einem U-Boot? Hätten Sie Lust, dem schnellsten Knüppel im Wilden Westen zu begegnen?

Wenn Ihre Antwort *Ja* lautet, sind die folgenden Geschichten das richtige Lesefutter für Sie. Außer den oben genannten Abenteuern präsentieren sie eine

Hexe, die mit einem Staubsauger herumfliegt, wandelnde sprechende Statuen, eine rebellische Ameise – und eine Riesentorte! Eine der Geschichten war sogar die Geburt einer Idee, die später zu meinem längeren Buch *Trucker* führte.

Die Storys stammen aus meiner Zeit als junger Reporter, und sie wurden auf wöchentlicher Basis in der Zeitung veröffentlicht, für die ich damals gearbeitet habe. Die jungen Leser in jener Zeit waren anders als Sie heute – sie hatten weder PCs noch Tablets oder Spielkonsolen, von Smartphones ganz zu schweigen. Aber sie teilten Ihr Interesse an Geschichten über fremde Welten, seltsame Geschöpfe und Figuren, außergewöhnliche Reisen und magische Schlachten.

Ich habe hier und dort einige Details verändert und einige Zeilen oder eine Notiz hinzugefügt, nur deshalb, weil ich es kann. Die zusätzlichen Jahre haben mir zusätzliche Phantasie geschenkt, wodurch die Versuchung, ein paar Kleinigkeiten hinzuzufügen, einfach zu groß ist. Dennoch sind die Geschichten in diesem Buch fast genauso beschaffen wie damals, als sie zum ersten Mal erschienen.

Sie fanden großen Anklang.

Bei allen Lesern mit genug Vorstellungskraft …

Terry Pratchett, Wiltshire, 2015

Anmerkung des Übersetzers

Mit den ersten Texten von Terry Pratchett habe ich mich vor mehr als etwa dreißig Jahren befasst. Damals, in den Achtzigerjahren, begann ich mit der Übersetzung von *Die Farben der Magie* (The Colours of Magic) und *Das Licht der Phantasie* (The Light Fantastic). Es waren die ersten Scheibenweltromane, und niemand wusste – vermutlich nicht einmal Terry Pratchett selbst –, wohin die Reise gehen würde. Jetzt, drei Jahrzehnte später, lebt Terry Pratchett nicht mehr, aber mit seinen Romanen hat er sich ein großartiges Denkmal gesetzt – seine Scheibenwelt wurde weltweit zu einem riesigen Erfolg.

Doch wie begann alles? Die Scheibenwelt kam keineswegs aus dem Nichts. Terry Pratchett wachte nicht eines Morgens mit der Vision einer flachen Welt auf, die von vier riesigen Elefanten getragen wird, die ihrerseits auf dem Rücken einer nicht minder großen Sternenschildkröte stehen. Es gibt einen schriftstellerischen Weg, der zur Scheibenwelt führte, und das vorliegende Buch zeigt einige dieser Etappen.

Die Geschichten in diesem Buch – wie auch die in *Dralle Drachen* (ebenfalls im Piper Verlag erschienen) – wurden von einem sehr jungen Terry Pratchett verfasst, der seine Kurzgeschichten in der Zeitung veröffentlichte, für die er als Reporter arbeitete, geschrieben für sehr junge Leser. Die Geschichten zeigen uns einen Terry Pratchett am Anfang seiner Laufbahn als Autor, und deshalb haben sie einen ganz besonderen Reiz. Es sind keine perfekten Geschichten, man merkt ihnen die Unerfahrenheit des Verfassers an, und doch blitzt hier und dort schon jener Terry Pratchett auf, der Jahre später ein Millionenpublikum begeistern sollte. Einige kleine Einfälle dienten als Grundlage für Romane. So sehen wir die Wichte in *Reinmangel, der Wicht von Even Moor* in der Nomen-Trilogie (*Trucker*, *Wühler* und *Flügel*) wieder, und dem Konzept winziger Leute, für die menschliche Dinge riesenhaft sind, begegnen wir erneut in dem Roman *Die Teppichvölker*.

Terry Pratchetts enormes Talent wird bereits in diesen Kurzgeschichten deutlich, sein Hang zum Skurrilen, die besondere Fähigkeit, einer Szene mit wenigen Sätzen Gestalt zu geben und Atmosphäre zu schaffen. Als Übersetzer der vorliegenden Geschichten habe ich mich gefragt, ob ich die gelegentlichen Logikfehler und stilistischen Schwächen des jungen Autors korrigieren soll. Ich habe mich bis auf einige wenige Ausnahmen dagegen entschieden, denn diese kleinen Fehler gehören einfach dazu. Sie zeigen uns ein komplettes Bild von den Anfängen, und man kann trotzdem (vielleicht auch gerade deswegen) viel Spaß an den Geschichten haben.

Andreas Brandhorst, Nordhorn, 2016

Die staubsaugende Schreckschraube

Geburtstage gefielen Herrn Ronald *Onkel Ron* Swimble, weil sie Partys bedeuteten, und da er Teilzeitzauberkünstler war, bedeuteten sie auch Aufträge für ihn. Er konnte Eier aus dem Nichts erscheinen lassen und den Leuten Fahnen aller Nationen aus den Ohren ziehen. Außerdem beherrschte er fünfzig Kartentricks und verstand sich insbesondere gut auf jene Art von Zauberei, die viel Übung vor einem Spiegel erfordert.* Außerdem war er Präsident des Magischen Karrees von Blackbury.

* Und noch mehr Übung vor Zuschauern, denn es gibt nicht viele Spiegel, die »So ein Unsinn!« rufen. Wenn der Spiegel, vor dem man übt, dazu imstande ist, braucht man sich über das Lernen von Zauberkunststücken keine großen Gedanken mehr zu machen. Zu wissen, wie man schnell wegläuft, wäre nützlicher.

Onkel Ron hatte einen Papagei, der Mimms hieß, Karten aus einem Hut ziehen konnte und gern schrie, außerdem eine Tochter namens Lucy, die für gewöhnlich auf der Bühne stand und kaum etwas sagte – sie nahm seinen Mantel, reichte ihm Mimms in einem Käfig und so weiter.

Alle drei führten ein ruhiges, zufriedenes Leben, bis zum Abend des Tages, an dem Jimmy Waddle zehn Jahre alt wurde. Aus diesem Anlass fand im Rathaus eine Party statt.

Onkel Ron betrat die Bühne, und alle Kinder riefen »Hallo, Onkel Ron!«, und dann rutschte ihm der Hut vom Kopf, und drei Kaninchen fielen heraus.

Er bückte sich, um sie aufzusammeln, woraufhin Tauben unter seiner Jacke hervorflatterten, eine Narzisse aus seinem Ohr kam und seine Fliege sich zu drehen begann. Es war alles sehr unterhaltsam, und der junge Jimmy Waddle beobachtete das Geschehen fasziniert, aber noch überraschter als alle anderen war Onkel Ron. Dies waren nicht seine Tricks, und außerdem mochte er keine Kaninchen.

Er versuchte weiterzumachen, doch mit seinen Darbietungen stimmte etwas nicht. Ihm gelangen viele Kunststücke, zum Beispiel die Verwandlung eines Zylinderhutes in eine Blumenvase und das Verschwinden eines Tisches. Aber es steckte keine *Absicht* dahinter. Jedes Mal, wenn er die Hände bewegte, erschien oder verschwand etwas. Er war den Tränen nahe, als er sein Kartenspiel hervorholte, und als es sich in ein Glas verwandelte, verließ er fluchtartig die Bühne.

»Das waren viele neue ...«, begann Lucy.

»Es sind nicht meine Tricks! Ich weiß überhaupt nicht, was los ist! Ich habe gar keine Kaninchen!«

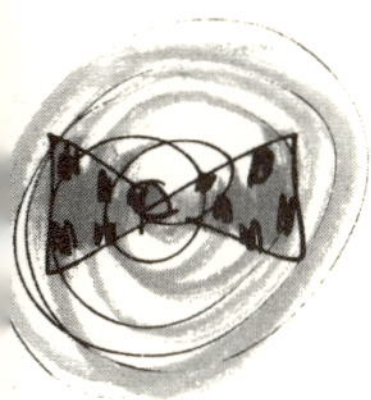

»Kuchen!«, kreischte Mimms.

Das Publikum klatschte noch immer, und Ronald musste auf die Bühne zurück und sich verbeugen. Alle schüttelten den Kopf und fragten sich, wie er es angestellt hatte.

Schließlich erreichte er seinen Umkleideraum und schloss hinter sich ab.

»Ich weiß nicht, wie es passiert ist«,

sagte er. »Plötzlich brauchte ich nur noch den Finger auf etwas zu richten wie den Schrank dort und ›Werde zu einem Hutständer!‹ zu sagen …«

Der Schrank wurde zu einem Hutständer.

»Marmelade!«, rief Mimms.

Ronald wies mit dem Finger auf seinen Hut.

»Verschwinde!«, sagte er heiser. Der Hut verschwand.

Sie fuhren mit dem Taxi nach Hause. Gelegentlich zielte Ron mit dem Finger auf Gegenstände am Straßenrand, nur um zu sehen, ob die Magie noch funktionierte. Das Ergebnis: Drei Laternenpfähle verwandelten sich in einen Storch, einen kleinen gelben Elefanten auf Rädern und einen Kinderwagen.

Schwierig wurde es bei der Bezahlung des Taxifahrers. Zwar konnte Onkel Ron Dinge in andere Dinge verwandeln, aber er hatte keine Kontrolle darüber, *was* sich verwandelte und *in* was. Als er seine Brieftasche hervorholte, wurde plötzlich ein Käsebrötchen daraus. Lucy musste mit ihrem Milchgeld bezahlen, und der Taxifahrer fuhr eilig davon.

»Der Türschlüssel steckt in meiner Westentasche«, brachte Ron zwischen zusammengebissenen Zähnen hervor. »Ich glaube, ich sollte besser nichts mehr anrühren. Schließ du bitte die Tür auf, damit ich sie nicht in etwas Schreckliches verwandle!«

»Handschuhe«, sagte Lucy. »Das ist die Lösung! Mit Handschuhen kannst du wieder Gegenstände anfassen.«

»Ich habe keine«, erwiderte Ron kummervoll. »Und

selbst wenn ich welche hätte, sie würden sich bei der ersten Berührung in etwas anderes verwandeln.«

Lucy holte ein Paar von ihren Handschuhen, aus roter Wolle, die oben mit albernen Kaninchen bestickt waren. Und tatsächlich: Als Ron sie berührte, verwandelten sie sich – in Socken. Das brachte Lucy auf einen Gedanken. Sie holte zwei Socken ihres Vaters, und als Ron sie überstreifte, wurden rote Wollhandschuhe daraus.

Ron sank in einen Sessel und griff nach dem Telefon. Er rief seine Zauberkünstlerkollegen in Blackbury an, alles Mitglieder des Magischen Karrees, und bat sie zu sich. Es dauerte nicht lange, bis sein Haus voller Leute war.

»Seht euch das an!«, sagte Ron, nahm die Handschuhe ab und deutete auf einen kleinen Kaktus. Er verwandelte sich in eine Schüssel mit Murmeln. Alle rangen erwartungsgemäß nach Luft, bis auf eine Frau, die gerade aus dem Fenster gesehen und einen kleinen Elefanten mit Rädern beobachtet hatte, im Schlepptau einen Kinderwagen mit einem Storch darin.

»Es ist kein Zaubertrick, sondern echte Magie«, sagte Ron.

»Marmelade!«, schrie Mimms.

»Es gibt keine Magie«, sagte Amir Raj, der für seine magischen Kartentricks bekannt war.

»Es ist alles Illusion«, fügte Presto Changeo hinzu, der jeden Abend seine Assistentin zersägte.

»Brötchen!«, heulte Mimms und rieb seinen Schnabel am Käfig.

Ronald verwandelte den Tisch in einen Rasenmäher.

»Was soll ich tun?«, fragte er. »Ich schätze, ich könnte ein Vermögen verdienen, aber mir liegt nichts daran, die ganze Zeit Handschuhe zu tragen. Außerdem ... vielleicht verwandle ich etwas Gutes in etwas Scheußliches.«

»Könnte es etwas sein, das du gegessen hast?«, fragte Presto. »Ist heute irgendetwas Ungewöhnliches passiert?«

»Mal überlegen ... Nein, eigentlich nicht. Mein einziges ungewöhnliches Erlebnis hatte ich heute Morgen auf dem Weg zur Arbeit, als ich gegen den Staubsauger einer alten Frau stieß. Er stand auf dem Parkplatz, warum auch immer. Regte sich fürchterlich auf, die Alte, aber sie hatte das Ding an meinen Wagen gelehnt.«

»War es eine kleine Frau mit braunem Mantel und

einem Blumentopfhut voller Nadeln?«, fragte Lucy, die sich alles angehört hatte. »Ja? Na so was, na so was … Hätte ich nie gedacht. Das ist Frau Riley, die Hexe.«*

»Kekse! Chips! Eiscreme!«, rief Mimms.

»Du meinst, sie hat mich verzaubert?«, fragte Ron, ohne auf den Papagei zu achten.

»Das ist doch lächerlich, es gibt keine Zauberei«, sagte Presto Changeo und bekam große Augen, als Ron einen Bleistift in eine kleine Banane verwandelte.

»Ich glaube, dies beweist das Gegenteil«, sagte Ron, nahm die Banane und schälte sie geistesabwesend. »Die Frage lautet: Was sollen wir unternehmen?«

»Such die Hexe auf und bitte sie, dich von dem Zauber zu befreien!«, schlug Presto vor.

Also machten sich Onkel Ron und die anderen Zauberkünstler auf den Weg zu Frau Riley, die in der Dahlienstraße Nummer drei wohnte und deren Haus gar nicht nach dem einer Hexe aussah. Zum Beispiel gab es viele bunte Blumen im Vorgarten.

* Alle Kinder in der Stadt wissen über so etwas Bescheid, aber seltsamerweise kein einziger Erwachsener.

Lucy klingelte zweimal, und Presto klopfte an die Tür. Sie spähten durchs Fenster, konnten jedoch nicht viel erkennen, da zu viele Topfpflanzen auf der Fensterbank standen.

»Hat keinen Zweck«, sagte Ron. »Sie schläft oder ist nicht da.«

Über ihnen erklang ein Geräusch wie von einem Staubsauger. Es *war* ein Staubsauger, und er schwebte in der Luft, mit Frau Riley im Reitsitz. Staub wirbelte auf.

»Ah, Sie sind's, Swimble!«, sagte sie. »Vermutlich wollen Sie mich bitten, den Zauber von Ihnen zu nehmen.«

»Wenn Sie nichts dagegen hätten ...«, begann Ron und starrte auf den Staubsauger.

»Und ob ich etwas dagegen habe! Sie sind doch Zauberkünstler und geben mit Ihrer angeblichen Magie an. Befreien Sie sich selbst von dem Zauber!«

»Mit der Art von Magie befassen wir uns nicht, Teuerste«, sagte Presto.

Frau Riley richtete einen verärgerten Blick auf ihn. »Sie glauben nicht einmal daran!«, blaffte sie. »Potz Blitz! Kartentricks und Kaninchen aus Hüten? Ihr seid ein Haufen arroganter Usurpatoren!«

»Wie bitte?«

»Sie meint, ihr dringt in etwas ein, wo ihr unerwünscht seid«, sagte Lucy. »Komm, Vater, bevor sie richtig zornig wird!«

Der Staubsauger dröhnte und stieg auf.

»Welch erstaunliche Frau«, sagte Ron in bewun-

derndem Ton und beobachtete, wie die Hexe über die Dächer flog. »Gibt es einen Herrn Riley? Oh, er ist auf See geblieben? Na so was. Wirklich ein Prachtweib, keine Frage.«

In jener Nacht schlief Ron mit Handschuhen, was er unangenehm fand, aber er konnte sie nicht abnehmen, denn sonst hätte sich das Bett vielleicht in einen Messerhalter oder ein Pferd verwandelt.

Was soll ich nur machen?, fragte er sich.

Den nächsten Tag musste sich Ron wegen seiner magischen Hände freinehmen. Lucy rief die Fabrik an, in der ihr Vater arbeitete, und meinte, er habe Grippe – die Wahrheit hätte ihr niemand geglaubt.

Presto Changeo kam gegen Mittag vorbei. »Ich habe eine Idee«, sagte er. »Wie wär's, wenn wir den Pfarrer um Hilfe bitten?«

»Frau Riley singt im Chor und hat Tausende von Kniebänken bestickt«, seufzte Lucy. »Hochwürden Betegut würde nie glauben, dass sie eine Hexe ist. Und überhaupt, im Grunde genommen ist sie eine gute alte Seele, nur ein bisschen übellaunig. Eigentlich mag ich sie.«

»Vielleicht verzeiht sie mir, wenn ich sie mit einer Schachtel Pralinen und einem Blumenstrauß besuche«, sagte Ron und errötete.

»Bananen!«, kreischte Mimms.

»Wie seltsam, dass ich sie jede Woche sehe, wenn sie kommt, um sich neue Bücher auszuleihen«, sagte Presto, der in der Bibliothek arbeitete. »Es sind nicht einmal Zauberbücher, sondern Romane über Ärzte. Ihr wisst schon, *Doktor Schneidgut und der Engel von Station Zehn* oder *Liebe unter Bettpfannen*. Und sie mag Bücher über Gärtnerei, zum Beispiel *Meine schwierigen Rosen und andere dornige Sorgen*. Wenn ich sie nicht auf ihrem Staubsauger gesehen hätte, wäre ich auf keinen Fall bereit gewesen, sie für eine Hexe zu halten.«

»Pizza!«, fügte Mimms hinzu.*

»Gärtnerei, wie?«, murmelte Ron, der keine Nes-

* Leider gehörte es nicht zu Rons neuen magischen Fähigkeiten, einen Napf mit Sonnenblumenkernen in eine Pizza zu verwandeln. Oder auch nur in eine Banane.

seln vom Nachtschatten unterscheiden konnte.* »Ich habe da eine Idee ...«

Nach dem Mittagessen zog er seinen besten Anzug an, putzte seinen Zylinderhut, steckte ein paar Zaubertricks ein und machte sich auf den Weg zu Frau Rileys kleinem Haus.

Sie öffnete die Tür einen Spaltbreit, nachdem er mehrmals angeklopft hatte.

»Oh, Sie sind's!«, sagte sie. »Verschwinden Sie, bevor ich ...«

»Ich möchte Sie sprechen, Frau Riley«, sagte Ron. »Bitte lassen Sie mich herein, wenn Sie nicht wollen, dass ich die Handschuhe ausziehe und den Türknauf in einen Pinguin verwandle!«

»Na schön. Treten Sie die Schuhe ab!«

Als sie zwischen kleinen Tischen und blitzblanken Möbeln saßen, umgeben von einem Dschungel aus Topfpflanzen aller Art, sagte Ron: »Frau Riley, Sie sehen einen verwirrten Mann vor sich. Was auch immer ich berühre, es verändert sich. Es geht mir auf die Nerven und äh ... äh, äh ...... würden Sie mich heiraten?«

* Er wusste auch, wie man Rhododendron und Rhabarber schreibt.

»Meine Güte!«, sagte Frau Riley, als Ron eine Kreuzblume, auch Purple Passion genannt, aus der leeren Luft zog.

»Seit dem Tod meiner Frau suche ich eine andere Dame, die etwas von Magie versteht«, sagte Ron und entnahm seinem Hut eine Schachtel Pralinen. »Bitte heiraten Sie mich, Frau Riley, dann bin ich der glücklichste Zauberkünstler in Blackbury. Und wenn Sie die Güte hätten, den Zauber von mir zu nehmen, wäre ich noch ein kleines bisschen glücklicher.«

Frau Riley schnäuzte sich. »Na ja, es kommt etwas plötzlich.«

»Sagen Sie Ja, Frau Riley, oder ich springe in den Bootssee von Blackbury!«, jammerte Ron.

»Ja«, sagte Frau Riley.

Die Hochzeit wurde in kleinem Kreis gefeiert, und der Brautführer Presto Changeo verlor den Ring, aber dafür zog er dies aus seinen Taschen: eine Schnur mit den Fahnen aller Staaten der Welt, einen Eierkarton, mehrere Tauben, ein Kartenspiel, eine Brille und einige Tischtennisbälle.

Anschließend verließ das glückliche Paar die Kir-

che und schritt durch einen Bogen aus Zylinderhüten und Besenstielen. Pastor Arnold Betegut hielt die Veranstaltung für etwas ungewöhnlich, sagte aber nichts. Er schwieg selbst dann, als Ron und seine neue Ehefrau auf einem mit Blechdosen und bunten Bändern geschmückten Staubsauger fortflogen.

Lucy und alle anderen klatschten.

Mimms klatschte nicht.

»Rosenkohl!«, kreischte er.*

* Traurigerweise winkte Amir Raj mit einer Hand und ließ auf diese Weise einen großen Beutel erscheinen, der Rosenkohl als besonderes Geschenk enthielt. Hätte Mimms doch nur *Torte* gerufen!

Der große Eisenbahnraub

Bestimmt kennen Sie alle den Wilden Westen. Aber was viele nicht wissen: Es gab den Wilden Westen gleich zweimal, und der bei Weitem wildere befand sich in Großbritannien. Die raue, ruppige und rüpelhafteste Region, die ich meine, ist natürlich Wales, und um zu beweisen, dass Wales wirklich der wildere Wilde Westen war, möchte ich Ihnen die Geschichte des Polizisten Bryn Bunyan erzählen, der als schnellster Knüppel westlich des Flusses Severn galt.

Der Ort namens Llandanffwnfafegettupagogo war

ziemlich klein und kaum auf der Landkarte zu finden* – bis zum Großen Kohleboom von '81. Ein alter Schürfer lief mit einem Kohlebrocken über die Hauptstraße und rief: »Kohle! Es ist Kohle! Es gibt Kohle in den Bergen, seht nur!« Kurze Zeit später war der Ort voller Leute, die einen Claim abstecken wollten.

Es dauerte nicht lange, und Llandanff hatte drei Kneipen, einen Billardsaal und das nagelneue Hotel *Temperanz*.

Jeden Abend kam es zu Schlägereien zwischen den Sheepboys (wie Cowboys, allerdings sind wir hier in Wales) und den Schürfern. Innerhalb kurzer Zeit erwarb sich Llandanffwnfafegettupagogo den Ruf als »wildester Ort im Westen«.

Fast hundert Jahre blieb es dabei.

Dann fuhr eines Tages ein in Blau gekleideter großer Mann mit dem Fahrrad über die Hauptstraße von Llandanff. Sonnenschein glitzerte auf dem silbernen Stern an seinem Helm.

Die Gäste der Kneipe namens *Brikett* spähten aus

* Wer auf einer Karte danach suchte, brauchte sehr gute Augen, denn um genug Platz zu finden, musste der lange Name sehr klein gedruckt werden.

der Tür, als der Fremde abstieg und sein Fahrrad vor der alten Polizeiwache anband.

»Es ist ein Polizist!«, flüsterte Davies der Wilderer, trank sein Bier aus und eilte fort, um die Frettchen zu verstecken.*

Die Nachricht verbreitete sich in Windeseile und erreichte bald

* Sie in die Hose zu stecken, hielt er für keine gute Idee.

die Ohren des Schafdiebs und Wilderers Big Dai Evans,* der gerade Billard spielte. Er war der größte Halunke in Llandanff (was viel sagte), und die Leute fragten sich, wie er auf die Neuigkeit reagieren würde.

Auch Gorsebush »Stechginster« Jones, ein junger Schafzüchter und Wilderer, erfuhr davon.

Später an jenem Tag klopfte es an der Tür der Polizeiwache.

»Wie kann ich Ihnen helfen?«, fragte Polizist Bunyan, als ein recht dürrer junger Bursche hereinkam.

»Geben Sie gut acht!«, stieß Gorsebush hervor. »Big Dai Evans hat es auf Sie abgesehen ...« Er wirkte recht besorgt, und das flaumige Haar an seinem Kinn zitterte.

Gorsebush wusste, dass es einen Grund gab, warum Dai Evans keine Polizei in der Nähe wollte. Er plante einen Überfall auf den Nachtzug nach Cardiff, wenn dieser durch Llandanff kam.

Der arme Gorsebush wusste davon, weil seine alte Oma mit dem Zug unterwegs war, und er wollte nicht,

* Sohn des berüchtigten Verbrechers Dai Orribly, der seinem Namen gerecht geworden war, und Bruder von Dai Too, der versuchte, seinem Namen *nicht* gerecht zu werden.

dass ihr etwas zustieß. Er erzählte dem Polizisten alles darüber und legte dabei immer wieder eine kurze Pause ein, um einen argwöhnischen Blick über die Schulter zu werfen.

Bunyan hörte aufmerksam zu und telefonierte mehrmals. Dann beschloss er, sich die Sache selbst anzusehen und ein paar Fragen zu stellen.

Es drohte noch mehr Ärger. Als Polizist Bunyan kurze Zeit später seine Runde machte, gefolgt von Gorsebush, kam er zufälligerweise am *Brikett* vorbei.

Ein Fahrrad stand dort vor der Tür, und eine rasche polizeiliche Überprüfung ergab, dass weder die Bremsen noch das Licht funktionierten. Bunyan betrat die Kneipe, um mit dem Eigentümer des Rades zu sprechen. Gorsebush wartete draußen, geriet ins Zittern und machte sich auf und davon. Er wusste, wem das Rad gehörte: Dai Evans.

In der Kneipe wurde es still, als Bunyan eintrat. Big Dai lehnte an der Theke, trank ein Bier und aß dazu Kartoffelchips aus einer Tüte. Die anderen Gäste wichen zurück. Einige erinnerten sich plötzlich daran, dass dringende Angelegenheiten auf sie warteten, und eilten hinaus. Jones der Flaschensammler duckte sich hinter die Kasse. Der Klavierspieler hörte auf, Klavier zu spielen.

»Ist das Ihr Fahrrad dort draußen, Sir?«, fragte Polizist Bunyan. In der Kneipe wurde es so still, dass man das Fallen einer Stecknadel gehört hätte.

»Ja«, sagte Big Dai.

»Ich muss Sie darauf hinweisen, dass die Bremsen nicht funktionieren, Sir, und das Licht ebenso wenig. Sie können damit erst wieder im Dunkeln fahren, nachdem Sie es repariert haben.«

Alle sahen Big Dai an. Niemand hatte es je gewagt, so mit ihm zu reden. Niemand hatte es je gewagt, ihm etwas zu verbieten.

»Danke, Wachtmeister«, sagte Big Dai schließlich. »Dann fahre ich heute Abend nicht mit dem Rad nach Hause.«

Das verblüffte die Leute – sie hatten mit einer Schlägerei gerechnet!

Nachdem der Polizist gegangen war, trommelte Dai seine Kumpane zusammen. »Versteht ihr?«, flüsterte er ihnen zu. »Wir wollen keinen Ärger mit der Polizei. Immerhin steht die Sache mit dem Eisenbahnraub bevor.«

Die Bande schlich durch die Hintertür nach draußen, wo die Eisenbahnschienen im Licht des aufgehenden Mondes glänzten.

Bunyan kehrte in die warme Polizeiwache zurück. Ein großer Schäferhund saß vor dem Ofen, und so wie es sich anhörte, steckten Schafe in den Zellen. Gorsebush Jones hatte sich häuslich eingerichtet.*

»Gorsebush!«

»Ja, Sir!«, erwiderte Gorsebush.

»Ich bin mir nicht sicher, ob ich dazu befugt bin, aber ich ernenne Sie vorübergehend zum Sonderpolizisten. Hier, nehmen Sie meinen Ersatzhelm! Für jemanden wie Sie ist er zu groß, aber er hält Ihnen die Ohren warm. Und auch Ihre Knie«, fügte er lachend hinzu und reichte Gorsebush den Helm.

»Was ist mit Schnappi?«, erklang eine gedämpfte

* Versteckt, besser gesagt.

Stimme unter dem Helm. »Sie wäre doch ein guter Polizeihund, oder?«

»Na schön. Aber ich habe keinen Helm mehr für sie übrig. Kommen Sie, wir müssen zum Bahnhof. Ich werde in dieser Stadt klar Schiff machen.«

Und so verließen zwei Männer und ein Hund Llandanffwnfafegettupagogo mit einem Fahrrad. In der Ferne hörte Polizist Bunyan das Pfeifen einer Lokomotive, und da wusste er, dass sich der Cardiff-Zug näherte. Welchen teuflischen Plan hatte sich Dai Evans für den Überfall ausgedacht?

Gorsebush sprang vom Fahrrad und untersuchte den Boden. »Vor zwei Stunden sind hier mehrere Fahrräder vorbeigekommen, Chef«, sagte er.*

»Ohne Licht, wie?«, brummte Polizist Bunyan. »Und ich habe den Spitzbuben davor gewarnt!«

* Wenn Sie es für schwierig halten, von Cowboypferden hinterlassene Hufspuren zu erkennen, sollten Sie einmal versuchen, Fahrrädern im Mondschein durch die walisischen Berge zu folgen.

Sie traten in die Pedale und setzten die Fahrt fort. Der Cardiff-Zug musste langsamer fahren, wenn er Llandanff erreichte. Bestimmt hatte Big Dai jene Stelle für einen Hinterhalt ausgewählt.

»Sehen Sie nur, unten im Tal!«, rief Gorsebush im Rauschen des Windes. »Wir kommen zu spät!«

Im Mondschein war deutlich ein großer Haufen Kohle auf den Schienen zu erkennen. Big Dai wollte den Cardiff-Express entgleisen lassen!

Am Hang schaltete Polizist Bunyan sein Fahrrad in den höchsten der drei Gänge und trat noch fester in die

Pedale. Plötzlich rissen mit einem lauten *Twäng* beide Bowdenzüge für die Bremsen …

Im warmen Führerhaus der Lokomotive genehmigten sich Lokomotivführer Tommo Lloyd-George und Heizer Davies gerade eine auf dem Feuerkasten gekochte Tasse Kakao.

»Na, so etwas sieht man nicht oft«, sagte Heizer Davies und blickte aus dem Fenster.

Er meinte ein Fahrrad, das mit hoher Geschwindigkeit den Hügelhang herabkam, darauf ein winkender, rufender Polizist, ein junger Bursche mit großem Helm

und ein bellender Schäferhund. Mit glühenden Radachsen schloss das Rad zur Lokomotive auf.

»Was rufen sie?«, fragte der Lokomotivführer.

»Klingt wie ›Haltet den Zug an!‹, Tommo«, erwiderte der Heizer.

Gorsebush und Polizist Bunyan schrien sich heiser, und das Fahrrad wurde allmählich langsamer. Der Zug rollte an ihnen vorbei.

»Gorsebush!«, rief Polizist Bunyan. »Was halten Sie davon, in einen der Waggons zu springen und die Notbremse zu ziehen?«

»Ich kann mir das Fünf-Pfund-Bußgeld nicht leisten«, klagte Gorsebush.

»Ich bin sicher, dass man in diesem Fall ein Auge zudrückt. Also los!«

Gorsebush stellte sich auf den schwankenden Sattel, kniff die Augen zu, holte tief Luft und sprang. *Klonk!* Er prallte gegen den nächsten Waggon und hielt sich an einem Türgriff fest.

»Bitte entschuldigen Sie, werte Dame, aber für gute Manieren habe ich leider keine Zeit«, sagte er, langte durchs Fenster des Erste-Klasse-Abteils, bekam die Notbremse zu fassen und zog. *Quietsch!* Der Zug bremste plötzlich und kam nur wenige Meter vor dem Kohlehaufen auf den Gleisen zum Stehen.

Wenige Sekunden später rauschten Polizist Bunyan und Schnappi auf dem Fahrrad vorbei und landeten in dem Gebüsch, hinter dem sich Dai Evans und seine Bande versteckten.

Gorsebush sprang vom Waggon hinunter, rannte zu den Büschen und versuchte, alle gleichzeitig zu verhaften, während eine Trillerpfeife alle anderen Geräusche übertönte. Eine Kavallerietruppe der Polizei, zuvor von Polizist Bunyan verständigt, ritt über den Hügel heran.

Damit war für Big Dai Evans das Spiel aus. Der Schäferhund Schnappi trieb die Banditen zusammen, und man brachte sie fort – erwartungsgemäß zu einem längeren Aufenthalt im Gefängnis.

Und damit sind wir beim Ende der Geschichte. Polizist Bunyan wurde für die Verhinderung des Eisenbahnraubs zum Oberwachtmeister befördert und bekam einen Assistenten: Gorsebush Jones – Sie haben es erraten –, der Aufnahme in den Polizeidienst fand, indem

er sich auf die Zehenspitzen stellte und bei seinem Alter log. Manchmal wilderte er noch, aber wenn er sich dabei ertappte, verhaftete er sich, erhob Anklage und ließ sich nach einer strengen Verwarnung wieder frei.

Aus Schnappi wurde Polizeihund Schnappi, und es dauerte nicht lange, bis er die gesetzestreuesten Schafe in ganz Südwales hatte.

Oh, und Gorsebushs Oma erreichte heil und gesund das Ziel ihrer Reise. Woraufhin sie Gorsebush wegen der Schimpfwörter tadelte, die sie von ihm gehört hatte. Außerdem forderte sie ihn auf, sich den Flaum vom Kinn zu rasieren, damit er ordentlich aussah.

Und so wurde Llandanffwnfafegettupagogo zu einem ordentlichen Ort, der das Gesetz achtete, was Polizist Bunyan zu verdanken war, dem schnellsten Knüppel im Westen – und natürlich auch Gorsebush Jones.

Wahrhaft wahnsinnige Zahnschmerzen

Es geschah an einem Samstagnachmittag in Blackbury. Mr. Arnold Suttle, der Bezirksbibliothekar, sortierte alte Bücher auf dem Dachboden. Es waren Bücher aller Art – die meisten stammten aus Haushaltsauflösungen oder von Trödelmärkten, und für fast alle von ihnen fand sich ein Platz in den Regalen. Aber es gab immer einige, die auf dem Dachboden blieben.

»*Für alle Kriminellen: Gutes Stehlen, einfach gemacht*«, sagte Mr. Suttle zu sich selbst. »Nein, das kommt nicht infrage. Wie wär's hiermit? *Wilderei und Schafestehlen für Anfänger*. Ebenfalls ungeeignet. Oh, dies hier sehe ich zum ersten Mal.«

Er nahm ein sehr staubiges Buch aus einem Karton. Es war in Leder gebunden, mit großen Scharnieren aus Messing. Er wischte Staub von den goldenen Buchstaben des Titels, der lautete:

DAS MAHGISCHE BUHCH
VON BLACK WYLLYAM DE BLACKBYRY.

»Wie interessant«, sagte Mr. Suttle und öffnete das Buch. Auf der Titelseite stand in verblasster brauner Schrift:

Wenn dieses Buhch nicht isset dein,
so schicke es bitte heim.

Er blätterte mehrere schwere Seiten weiter, alle gefüllt mit Schrift und Bildern von extrem magischer Natur.

»Was dies wohl bedeutet?«, fragte er sich laut. »Sieht sehr magisch aus: ›Igni passage inferni ehthonical gil per . . .‹«

Eine Wolke schob sich vor die Sonne, Donner grollte. Eine Rauchwolke bildete sich, und es blitzte, was nicht sonderlich eindrucksvoll wirkte, weil das elektrische Licht brannte. Eine große schwarze Gestalt erschien aus dem Nichts.

»Na so was!«, entfuhr es Herrn Suttle. »Wer sind Sie?«

Der vor ihm stehende Mann war fast ganz schwarz, denn er trug einen langen schwarzen Mantel und einen flachen schwarzen Hut. Hinzu kam ein schwarzer Vollbart.

Der Mann – der recht verwirrt wirkte – sagte etwas, aber Mr. Suttle verstand ihn nicht. Doch dann be-

merkte er das Buch, und seine Miene hellte sich auf. Er nahm es und deutete auf den Namen.

»Black William de Blackbury?«, fragte Mr. Suttle. »Mit einem magischen Buch?« Er wich einen Schritt zurück. »Sind Sie vielleicht so etwas wie ein Zauberer? Nicht dass ich an Zauberei und dergleichen glaube.«

Der Mann antwortete nicht, winkte nur mit der Hand und ließ auf diese Weise erscheinen: ein Ei, einen dreibeinigen Stuhl und ein Bündel Seidentaschentücher.

»Das ist Magie«, sagte Mr. Suttle, der Magie zu erkennen glaubte, wenn er sie sah.

Black William blickte sich interessiert auf dem Dachboden um und richtete seine Aufmerksamkeit dann auf Herrn Suttle. Offenbar gefiel ihm nicht, was er sah, denn er hob einen knochigen Arm und sprach einige Worte, woraufhin es *knallte*.

Black William verschwand in einer Wolke aus grünem Rauch.

Mr. Suttle blickte an sich herab. Eben hatte er noch einen gewöhnlichen grauen Anzug getragen, aber jetzt trug er hellrote Strümpfe, eine weite Pluderhose, eine hellgrüne Jacke mit vielen goldenen Verzierungen, einen Gürtel mit Schwert und – er hob die Hand – eine schwarze Samtmütze mit Feder.

»Ich komme mir ziemlich albern vor«, sagte er* und setzte sich.

Einige Minuten später verließ er den Dachboden, kehrte in die Hauptbibliothek zurück und hoffte, sein Büro zu erreichen, bevor ihn jemand bemerkte.

Er hätte sich keine Sorgen machen müssen. Miss Blenkinsop, die für gewöhnlich die Bücher am Tresen stempelte, war viel zu beschäftigt. Sie trug ein langes elisabethanisches Kleid, eine breite Halskrause mit Perlen und Amethysten und einen kleinen Hut, der mit Diamanten geschmückt war.

»Ich weiß schon«, sagte Mr. Suttle. »Ein großer Mann mit schwarzem Mantel ist gerade hier gewesen.«

* Er sah auch ziemlich albern aus.

»Ja, das stimmt. Er ... Meine Güte, Mister Suttle, in diesen Sachen sehen Sie seltsam aus! Wie Sir Walter Raleigh! Was haben Sie da für ein Buch?«

»Ich glaube, ich habe womöglich etwas Dummes angestellt«, erwiderte der Bibliothekar. »Ich fahre jetzt erst einmal nach Hause und ziehe mich um. Anschließend sollte ich besser etwas über Black William de Blackbyry herausfinden.«

Er ging zur Tür der Bibliothek und rang nach Luft. Die Straße war voller stehender Autos, und kein einziger Motor lief. Die Fahrer trugen elisabethanische Klei-

dung, die recht hinderlich sein kann, wenn man einen Wagen reparieren will.* Einige Häuser an der Straße hatten sich ebenfalls verändert. Respektabler roter Backstein war Tudorfachwerk gewichen.

»Bei meiner Hellebarde!«, fluchte Mr. Suttle. Und dann: »Lieber Himmel! Was habe ich da gerade gesagt?«

* Es sollte vielleicht hinzugefügt werden, dass sich einige der Männer in Strumpfhosen und Bloomerkostümen offenbar nicht sonderlich wohlfühlten.

Es dauerte nicht lange, bis Blackbury sehr sonderbar wirkte. Nach einigen Stunden verschwanden nach und nach bestimmte Dinge.

Zuerst kamen Fernseher an die Reihe, dann Stromkabel und Ampeln – sie lösten sich mit kleinen grünen Blitzen auf.

Mr. Suttle und Miss Blenkinsop eilten zum Rathaus. Der Bürgermeister war zugegen, trug aber nicht seinen üblichen dunkelgrauen Anzug, sondern ein eindrucksvolles Kostüm, pelzbesetzt und voller Gold und Purpur.

Chefinspektor Jethwa war ebenfalls anwesend, gekleidet wie ein Beefeater aus dem Tower von London. Er machte sogar eine ziemlich gute Figur in dem neuen Aufzug.

»Bitte keine witzigen Bemerkungen!«, sagte er. »Meine Uniform hat sich in diese Ausstaffierung verwandelt. Immer wieder stoße ich mit dem Ding an Glühbirnen.« Er hob den Spieß, der über eine eiserne Spitze verfügte. Die Beefeater trugen noch immer solche Zeremonienwaffen im Tower. »Was allerdings keine große Rolle spielt, da es keine Elektrizität mehr gibt.«

»Alles ist altmodisch geworden«, sagte der Bürgermeister. »Bis hin zur Militärbasis. Dort haben sich die Panzer in Messingkanonen verwandelt, und die Soldaten müssen Rüstungen und lederne Kniehosen tragen. Aber das ist noch nicht das Schlimmste.«

Mr. Suttle biss sich auf die Unterlippe. »Lassen Sie mich raten!«, sagte er. »Als Sie Blackbury verlassen wollten, mussten Sie feststellen, dass Sie nicht aus der Stadt können.«

»Genau!«, bestätigte der Bürgermeister. »Chefinspektor Jethwa sprach gerade davon, dass sich ein dichter Nebel um den Ort gelegt hat, und wer sich hineinwagt, stellt kurze Zeit später fest, dass er nach Blackbyry zurückkehrt, meiner Treu!«

»Ich glaube, Ihr fangt an, elisabethanisch zu sprechen«, sagte Mr. Suttle. Unvermittelt sank er auf einen Stuhl. »Und ich ebenfalls.« Er legte einige Bücher auf den Tisch. »Mir fällt da etwas ein«, fuhr er fort. »Habt Ihr von Black William de Blackbyry gehört?«

Bürgermeister und Chefinspektor schüttelten den Kopf.

»Ich habe über ihn gelesen. Er war ein berühmter Zauberer, der während der Zeit von Elisabeth der Ersten hier wohnte. Ich habe sein Zauberbuch in der Bibliothek gefunden, und als ich es las, erschien er plötzlich selbst. Er hält sich noch immer irgendwo in Blackbyry auf … in Blackbury, meine ich. Himmel, es fällt mir schwer, mich zu konzentrieren! Mich dünkt, er verändert die Stadt, damit sie wieder so ist wie damals zu seinen Lebzeiten. Die einzigen Dinge, die er unangetastet lässt, werden – meiner Treu! –

jene Dinge sein, die es schon vor vierhundertfünfzig Jahren bei uns gab.«

»Na, das ist mir vielleicht eine Geschichte!«, rief der Bürgermeister aus. »Aber eine bessere Erklärung fällt mir nicht ein, fürwahr.«

»Da wäre noch etwas«, sagte Mr. Suttle. »Ich habe das schreckliche Gefühl, dass wir vergessen könnten, wer wir sind, dass wir uns für Elisabethaner halten, wenn wir uns nicht auf unsere Erinnerungen konzentrieren. Das gilt auch für unsere Sprechweise. Mich deucht, Black William will, das wir wie früher reden.«

Er unterbrach sich, als es über ihnen ziemlich laut krachte.

Sie eilten die Treppe hinauf und entdeckten einen Mann, der im Dachgeschoss des Rathauses auf einem Gerümpelhaufen hockte. Die Hälfte eines Hubschraubers ragte durchs Dach.

Der Mann musterte sie. »Warum sind Sie so komisch angezogen?«, fragte er verblüfft.

»Sie sehen auch nicht unbedingt normal aus«,

erwiderte Mr. Suttle, denn der Mann trug eine lederne Rüstung. Er kletterte an einem Dachsparren hoch und betrachtete den Helikopter aus der Nähe.

»Vor fünf Minuten trug ich noch eine respektable RAF-Uniform«, sagte der Pilot. »Was ist hier los? Ich wurde losgeschickt und sollte herausfinden, warum niemand nach Blackbury hinein kann. Ein seltsamer Nebel umgibt die ganze Stadt.«

Mr. Suttle und die anderen erzählten ihm, was geschehen war, aber der Pilot glaubte ihnen nicht.

»Es stimmt«, betonte Mr. Suttle. »Ich wette, bei Ihrem Hubschrauber ging plötzlich der Motor aus, nicht wahr? Und auch alles andere. Von einem Augenblick zum anderen hat nichts mehr funktioniert.«

»Bei Gott, Ihr sprecht die Wahrheit! Auch der Funk fiel aus!«

»Allmählich glaube ich Black William zu verstehen«, erklärte Mr. Suttle und rieb sich die Hände. »Worte wie Helikopter, Funkgeräte und Ähnliches klängen für einen Menschen, der vor vierhundertfünfzig Jahren lebte, ganz und gar unmöglich. Diese Ding gibt es nicht, soweit es ihn betrifft. Und deshalb hören sie auf zu funktionieren.«

»Ich habe darüber nachgedacht«, verkündete der Bürgermeister. »Eigentlich hätte ich gar nicht so viel dagegen, in elisabethanischen Zeiten zu leben. Sie waren recht aufregend.« Er blickte an sich hinab. »Und ich *mag* dieses Kostüm.«

»Aber wir sind nicht in die elisabethanische Epoche zurückgekehrt«, wandte Mr. Suttle ein. »Nicht richtig. Wir befinden uns ... im Innern eines Zaubers.«

»Ich schlage vor, wir suchen nach diesem Black William und bringen ihn zur Vernunft«, brachte Chefinspektor Jethwa hervor. Zusammen mit Mr. Suttle machte er sich auf den Weg, während sich der Bürgermeister und Miss Blenkinsop um den Piloten kümmerten.

Blackbury hatte sich noch stärker verändert, was

den meisten Passanten auf der Straße aber gar nicht klar wurde. Ein Markt mit Jongleuren und tanzenden Bären war erschienen, und mehrere Männer veranstalteten einen Wettbewerb im Bogenschießen, genau an der Stelle, wo zuvor ein Supermarkt gestanden hatte.

»Hier geht es ziemlich fröhlich zu«, räumte Chefinspektor Jethwa widerstrebend ein.

»Oh, ich weiß nicht«, erwiderte Mr. Suttle. »Keine richtigen Ärzte, kein sauberes Trinkwasser ... Ziemlich riskant, wenn Sie mich fragen.«

Sie mieteten zwei Pferde in einem Stall, der den Platz einer früheren Tankstelle einnahm.

»Nach allem, was in den Geschichtsbüchern über Blackbury steht, hat Black William im Schloss von Even Moor gewohnt«, sagte Mr. Suttle. »Aber wir sollten besser aufpassen. Er hat wohl an alles Mögliche geglaubt, an Hexen, Riesen und Dämonen. Wir sollten damit rechnen, entsprechenden Geschöpfen zu begegnen.«

»Sie haben doch nie wirklich existiert«, wandte Chefinspektor Jethwa ein.

»Ich weiß, aber Black William hat daran geglaubt, und deshalb könnten sie jetzt existieren. Wir sollten also auf der Hut sein.«

Sie ritten nach Even Moor, um Black William zu suchen. Es war eine recht seltsame Reise. Die Landschaft hatte sich in eine Wildnis verwandelt, doch hier und dort gab es Reste aus dem einundzwanzigsten Jahrhundert, die aus irgendeinem Grund unverändert geblieben waren: ein Briefkasten, mehrere Hundert Meter Gleise, ein Straßenstück mit weißen Linien und einem Schlagloch.

Während des Rittes las Mr. Suttle in Black Williams magischem Buch. Chefinspektor Jethwa blickte sich immer wieder argwöhnisch um.

»Wenn ich es richtig verstehe, hat sich Black William ins Nichts gezaubert und wartet dort, bis jemand die Zauberformel liest«, sagte der Bibliothekar.

»Meiner Treu, könnten wir diesen Ort doch verlassen und ...«, begann Chefinspektor Jethwa.

»Achtung, Sie sprechen elisabethanisch!«, unterbrach ihn Mr. Suttle. »Konzentrieren Sie sich! Wenn der Zauber Sie überwältigt, finden wir nie einen Ausweg.«

Genau in diesem Moment sprang ein vier Meter großer Feuer speiender Dämon aus dem Gebüsch und brüllte laut.

Chefinspektor Jethwa fiel vom Pferd. »Ich glaube nicht an solche Wesen!«, rief er. »Sie existieren nicht!«

»Black William glaubt an ihre Existenz, und nur darauf kommt es an«, erwiderte Mr. Suttle. Er überlegte rasch und richtete den Zeigefinger auf den Dämon, der Chefinspektor Jethwa offenbar mit Senf bestreichen wollte. Es zischte, und blaues Feuer umgab den Dämon wie mit einem Käfig. Heulend ergriff er die Flucht.

»Ich habe gezaubert!«, staunte Mr. Suttle und half dem anderen Mann wieder aufs Pferd. »Black William glaubt, dass Magie existiert, und deshalb gibt es sie. Und ich kann Gebrauch davon machen.«

Zehn Minuten später fanden sie das Haus des Zauberers. Es war ein großes Tudorhaus am Waldrand, und es schien zu glühen. Anscheinend lag viel Magie in der Luft. Mr. Suttle musste sich sehr konzentrieren, um nicht in elisabethanischen Begriffen zu denken.

»Ich hoffe, Sie sind bereit«, sagte er.

»Fürwahr«, erwiderte Chefinspektor Jethwa. »Ich meine, ja.«

Mr. Suttle klopfte an die große Eichentür.

Sie schwang auf. Mr. Suttle und Chefinspektor Jethwa traten nervös über die Schwelle, doch der große Saal vor ihnen wirkte ganz gewöhnlich. Die Wände waren mit Eichenholz getäfelt, und hier und dort standen Rüstungen herum.

»Jetzt müssen wir Black William finden«, sagte Mr. Suttle. Sie beschlossen, die verzierte große Treppe zu erklimmen. Was sich als recht schwierig erwies, denn Chefinspektor Jethwa wollte Mr. Suttle möglichst nahe bleiben. Schatten lauerten in dunklen Ecken.

»Mal sehen«, sagte Mr. Suttle und öffnete das magische Buch. »Hier gibt es eine Zauberformel für Licht. Ah, da ist sie: *Marazda leuchtibus! Hexikus zauberus wegmitderdunkelheitfidibus!*«

Ein hellgrünes Licht erschien mitten in der Luft und begleitete die beiden Männer die Treppe hinauf. Oben angelangt, öffneten sie eine weitere Tür. Ein stechender Geruch schlug ihnen entgegen.

Sie hatten Black Williams magisches Laboratorium entdeckt, ein hohes Zimmer, erhellt vom Feuer in einem Messingkessel. Magische Schwerter standen in einem Schirmständer. In den Regalen mehrerer Schrankwände waren Gläser mit sonderbarem Inhalt aufgereiht: Hörner von Einhörnern, getrocknete Käfer, Schnipsel von Kamelzehen und Kohl.* Magische Kreise und Tierkreiszeichen waren an die Wände gemalt, zusammen mit Kohlrezepten, die der Zauberer offenbar in Momenten der Geistesabwesenheit mit Kreide notiert hatte. Ein Bücherschrank enthielt in Leder gebundene alte Bücher, und Mr. Suttle pfiff leise, als er die Titel las.

»Diese Bücher sind ein Vermögen wert«, sagte er.

* Kohl kann erstaunlich magisch sein, weshalb man vorsichtig damit umgehen sollte.

Weit und breit war niemand zu sehen. Das einzige Geräusch stammte vom Feuer im Messingkessel.

»Und wenn der Zauberer zurückkehrt?«, fragte Chefinspektor Jethwa.

»Nun ja, er schien kein schlechter Kerl zu sein«, sagte Mr. Suttle. »Ich hätte eigentlich nichts dagegen, ihm noch einmal zu begegnen.«

Plötzlich machte es *Wumpf!*, und der Zauberer erschien in einer Wolke aus gelbem Rauch. Allerdings schmälerte Mr. Suttles magisches grünes Licht den Effekt ein wenig. Black William wirkte nicht sonderlich furchterregend. Er schien eher von etwas geplagt zu werden, presste eine Hand auf die Wange und stöhnte.

»He, was ist denn los, alter Knabe?«, fragte Mr. Suttle.

Der Zauberer stöhnte. »Seit vierhundertfünfzig Jahren beschert mir dieser Zahn mehr Kummer als eine Herde randalierender Wildschweine.«

»Du lieber Himmel!«, entfuhr es Mr. Suttle. »Ich glaube, er hat Zahnschmerzen.«

»Es tut höllisch weh!«, klagte Black William.

»Armer Kerl! Haben Sie versucht, etwas gegen die Schmerzen zu unternehmen?«

»Ich habe es mit allem versucht«, erwiderte Black William. »Mit Zahnwurz, mit Bohnen, die vorher in Wein gekocht wurden, mit Beschwörungen bei Vollmond.«

Chefinspektor Jethwa entspannte sich. Ein Zauberer mit Zahnschmerzen schien gar nicht so schlimm zu sein.

»Viereinhalb Jahrhunderte Zahnschmerzen«, sagte Mr. Suttle. »Das klingt nicht besonders lustig.«

»Es hat ganz und gar keinen Spaß gemacht«, erwiderte Black William. »Deshalb habe ich mich ins Nichts gezaubert.«

»Er hätte doch zum Zahnarzt gehen können«, sagte Chefinspektor Jethwa.

Black William quiekte erschrocken.

»In seiner Zeit war der Besuch beim Zahnarzt eine ziemlich üble Angelegenheit«, erklärte Mr. Suttle. »Zangen und dergleichen. Sehr schmerzhaft.«

Black William nickte nachdrücklich.

»Meine Zahnärztin ist Miss Hodgkins in Blackbury, und bei ihr hat's nie wehgetan, schon allein wegen der modernen Betäubung. Aber zuerst müsste Mister William alles wieder ins einundzwanzigste Jahrhundert zurückverwandeln.«

Sie erklärten Black William, dass Miss Hodgkins viel besser war als die Zahnklempner in elisabethanischen Zeiten. So etwas wie eine Zahnzauberin, meinten sie. Und Black William erklärte sich bereit, seinen Zauber von der Stadt zu nehmen und Miss Hodgkins einen Besuch abzustatten.

Die Rückkehr mit Black William nach Blackbury erwies sich als seltsames Erlebnis. Gegenstände veränderten sich, als sie daran vorbeiritten. Steine wurden wieder zu Straßenschildern und Bäume zu Telegrafenmasten. Ein großer düsterer Wald verwandelte sich

zurück in das Industriegebiet von Blackbury. In der Stadt nahmen die Dinge ihre Funktionen wieder auf, manchmal mit seltsamen Folgen, denn Waschmaschinen und andere Geräte waren eingeschaltet geblieben oder in die Ecke geschoben worden.*

Miss Hodgkins Behandlungszimmer war recht schmutzig und voller hässlicher Zangen, bis Black William den Zauber rückgängig machte. Daraufhin wurde die Praxis weiß und sauber, mit Instrumenten aus fleckenlosem Metall auf blitzblanken Tabletts. Sie erklärten der Zahnärztin, was geschehen war, und eine halbe Stunde später verließ Black William den Behandlungsstuhl mit einigen Plomben.

»Ein wundervolles Gefühl!«, rief er und

* Woraus einige neue urbane Legenden entstanden, zum Beispiel »Die Geschichte vom außer Rand und Band geratenen Staubsauger« und »Wie ich um Haaresbreite dem dämonischen Rasenmäher entkam«.

winkte mit einer Hand. Ein Regen aus Goldmünzen, Rubinen und Smaragden ging nieder.

Black William lächelte zum ersten Mal seit vierhundertfünfzig Jahren – und verschwand.

»Er ist in seine Epoche zurückgekehrt«, sagte Mr. Suttle. »In die Zeit der bunten Kleidung und der Lieder.«

»Und in die Zeit ohne heißes Wasser und ohne Medizin«, fügte Chefinspektor Jethwa hinzu. »Ich kann nicht behaupten, dass mir der Abschied von ihm leidtut. Das Leben ist auch ohne ihn aufregend genug. Glauben Sie, ich sollte einen Besen holen und die vielen Münzen und Edelsteine zusammenfegen?«

»Wir könnten den ganzen Kram verkaufen und mit dem Geld wieder Ordnung in der Stadt schaffen«, sagte Mr. Suttle.

»Ich frage mich, ob er sich jemals wieder hier blicken lässt«, erwiderte Chefinspektor Jethwa und machte sich auf die Suche nach einem Besen.

Mr. Suttle und Chefinspektor Jethwa sahen Black William nie wieder. Aber wenn Sie des Nachts durch die Schrebergärten von Blackbury wandern, spüren Sie vielleicht eine sonderbare Präsenz bei Mr. Suttles kleinem Kohlfeld. Und möglicherweise hören Sie auch ein zufriedenes Kauen, wenn Sie aufmerksam genug lauschen.

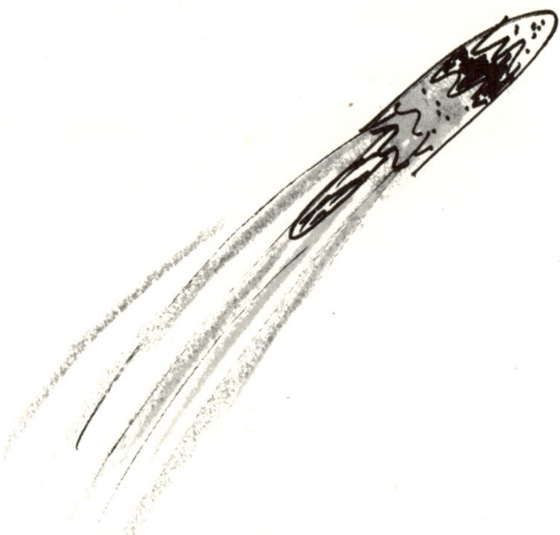

Die eisige Fehde

Wahrscheinlich erinnern Sie sich an die Geschichte, die ich Ihnen vor einer Weile über Llandanffwnfafegettupagogo erzählt habe, eine kleine Grenzstadt im Wilden Westen von England. Es ging darin um den Polizisten Bryn Bunyan, den schnellsten Knüppel westlich des Flusses Severn, und wie er den Halunken Big Dai Evans zur Strecke brachte.

Nun, danach geschah zunächst nichts Aufregendes mehr. Aber in Wales bleibt es nie lange ruhig und friedlich.

Eines Tages kontrollierte der zum Oberwachtmeister beförderte Bunyan den Verkehr auf der Hauptstraße, als Polizeiassistent Gorsebush »Stechginster« Jones zu ihm gelaufen kam.

»Es geht schon wieder los, Oberwachtmeister! Vor dem Postamt findet eine Schlägerei statt.«

»Davon habe ich allmählich wirklich die Nase voll«, sagte Bunyan. »Übernehmen Sie hier!« Er schwang sich auf sein Fahrrad und radelte wütend die Straße hinunter.

Kurze Zeit später kam er um die Ecke und runzelte die Stirn. Auf der einen Straßenseite stand ein großer weißer Eiswagen mit der Aufschrift *Leckeres Eis von Leckereis* in roten Buchstaben.

Direkt davor stand ein zweiter Eiswagen, rosarot lackiert und mit dem Schriftzug *Kalt und köstlich*. Beide Wagen läuteten fröhlich vor sich hin, und zwischen ihnen prügelten sich drei Eisverkäufer.

»Hallo, hallo, was ist hier los, was ist hier los, hört sofort auf, hört sofort auf!«, rief Oberwachtmeister Bunyan. »Ich habe Sie gewarnt. Noch eine erhobene Hand, und ich buchte Sie wegen Ruhestörung und Landfriedensbruchs ein.«

EIS

»Die Stadt ist nicht groß genug für zwei Eiswagen«, erwiderte Herr Köstlich und schlug nach den beiden anderen Männern.

»Verschwinden Sie bis Sonnenuntergang, oder wir lassen die Luft aus Ihren Reifen!«, knurrte Dafydd Lecker, dem zusammen mit seinem Bruder Herbert der erste Wagen gehörte. In Llandanffwnfafegettupagogo waren sie als »die leckeren Brüder« bekannt.

Das Problem bestand darin, dass es in Llandanffwnfafegettupagogo nicht genug Kunden für zwei Eiswagen gab, und deshalb kam es jedes Mal zu einer Auseinandersetzung, wenn sich die Verkäufer begegneten. Lecker und Köstlich behaupteten beide, am längsten im Geschäft zu sein und sich gegenseitig in den Ruin zu treiben.

Oberwachtmeister Bunyan sorgte dafür, dass sie in ihre Wagen stiegen und in unterschiedliche Richtungen fuhren. Aber er wusste, dass das Problem damit nicht gelöst war und er erneut Ärger mit ihnen bekommen würde.

Bei der nächsten Begegnung kamen sie vielleicht auf den Gedanken, sich mit Gegenständen zu bewerfen, und Oberwachtmeister Bunyan wollte nicht, dass

Vanillekugeln
durch seine Stadt
flogen.

Er hatte einen ruhigen Nachmittag und spielte Domino mit Gorsebush Jones, als der Lebensmittelhändler Tommy Taten in die Wache kam. Eine Eistüte klebte an seinem Hinterkopf, und Erdbeereis rann ihm über den Nacken. Polizeihündin Schnappi wurde ihrer Pflicht gerecht und leckte das Eis ab.

Oberwachtmeister Bunyan nahm seinen Knüppel, vergewisserte sich, dass sein Notizbuch bereit war, und sagte: »Wo sind sie diesmal?«

»B…bei O…owen K…kipps' Sch…Schafbad«, antwortete Taten mit klappernden Zähnen und mit reichlich Schäferhundsabber am Nacken.

Gorsebush holte die Fahrräder, und wenige Minuten später radelten die beiden Polizisten los. Die Polizeiwache überließen sie der Obhut von Polizeihündin Schnappi.

»Ich mache klar Schiff in Llandanff«, erklärte Bunyan. »Und das fängt mit den Eisverkäufern an.«

Bald darauf erreichten sie ein großes Schild mit der Aufschrift:

Alles war ruhig. Sie stellten die Räder an den Zaun und schlichen hinter die Wasserpumpe.

»Sehen Sie was, Oberwachtmeister?«

»Da drüben steht ein Lecker-Verkaufswagen, aber er ist leer.«

Plötzlich traf ein leckeres Eis Gorsebush Jones' Kopf und zerplatzte.

»Dafydd Lecker hockt auf dem Dach von Tatens Lebensmittelladen!«

Tatsächlich: Dafydd saß neben einem großen Stapel Eiscremepackungen auf dem Dach. Während die beiden Polizisten noch zu ihm hochsahen, nahm er ein Eis – offenbar eine Schoko-Familienpackung – und holte aus, doch bevor er sie werfen konnte, traf ihn ein Vanilleeis seines Widersachers Köstlich.

»Nimm *das*, du Schuft!«, rief Herr Köstlich und tanzte auf der Straße herum. Einen Moment später wich er einer von Herbert Lecker abgefeuerten Nusstütensalve aus und ging in Deckung.

»Guter Schuss, Kumpel!«,

rief Dafydd Lecker und duckte sich, als Herr Köstlich mit einem gut gezielten Zitroneneis konterte.

»Herr Köstlich befindet sich dort hinter dem Schuppen, Oberwachtmeister«, meldete Gorsebush. Für ihn stand fest, dass die leckeren Brüder Herrn Köstlich in die Enge getrieben hatten.

Aber Herr Köstlich wollte nicht aufgeben. Plötzlich verließ er die Deckung, beide Hände voller Eistüten.

»Ahoi, ihr alle!«, rief Polizeiassistent Gorsebush. »Hört auf damit!« Eine geworfene Eispackung riss ihm den Helm vom Kopf.

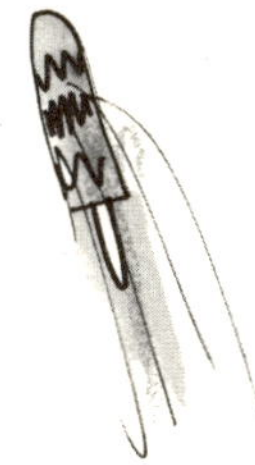

Schnell wie der Blitz ergriff er sie und warf sie zu Dafydd Lecker zurück.

Bald war der Kampf wieder in vollem Gang. Oberwachtmeister Bunyan lief zum offenen Lecker-Wagen und kehrte mit einer Handvoll Familienpackungen zurück.

Als den drei Eisverkäufern klar wurde, was er getan hatte, verließen sie ihre Verstecke und überquerten den Hof mit Eiscreme in jeder Hand.

Die beiden Polizisten traten ihnen gegenüber.

»Ich verhafte Sie wegen Ruhestörung, Behinderung des Verkehrs und Angriff auf einen Polizisten«, sagte Oberwachtmeister Bunyan.

»Keine falsche Bewegung!«, rief Gorsebush und hielt eine Eistüte bereit. »Heben Sie ganz laaangsam die Hände!«

»Ein Eis gefällig?«, erwiderte Herbert Lecker.

Platsch! Platsch! Polizeiassistent Jones' Hände waren schneller als eine Pistolenkugel und warfen zwei Familienpackungen, als sich die leckeren Brüder ihrerseits auf einen Wurf vorbereiteten. Beide wurden getroffen und gingen zu Boden. Eine gut gezielte Himbeerüberraschung von Herrn Köstlich erwischte Gorsebush am Ohr, doch Oberwachtmeister Bunyan stürmte los und erzielte einen Treffer mit einem Eis am Stiel, und zwar an einer bestimmten Stelle vorn an der Hose von Herrn Köstlich, der auf die Knie sank. Sein Gesicht gewann eine ungewöhnliche Farbe.

Mit einem speziellen Judogriff, den er an der Polizeischule gelernt hatte, führte Oberwachtmeister Bunyan die drei Gefangenen zu einem der beiden Verkaufswagen und fuhr zusammen mit Polizeiassistent Gorsebush Jones nach Llandanff zurück.

»In letzter Zeit nahmen diese Krawalle wirklich überhand«, wandte sich der Richter am nächsten Tag an die drei Angeklagten. »Ich bin nicht abgeneigt, ein Exempel an Ihnen zu statuieren. Aber Oberwachtmeister Bunyan hat einen Vorschlag, und wenn Sie damit einverstanden sind und sich benehmen, sagen wir: Schwamm drüber.«

Die dankbaren Eisverkäufer verließen das Gerichtsgebäude und machten sich daran, ihre Verkaufswagen in den gleichen Farben zu lackieren, rot, weiß und blau. Auf beide Seiten schrieben sie:

EISCREME FÜR LLANDANFF UND UMGEBUNG.

Herbert Lecker fuhr den einen Wagen, Herr Köstlich den anderen. Dafydd Lecker kümmerte sich um die Buchführung.

Sie verdienten mehr Geld, weil sie sich nicht mehr bekriegten, und in Llandanff ging es wieder friedlich zu, was Oberwachtmeister Bunyan und Polizeiassistent Gorsebush Jones zu verdanken war.

Darby und das U-Boot

Der Teich befand sich mitten in einem Wald, umgeben von Brombeersträuchern und dornigem Gestrüpp. Ein kleiner Bach verließ ihn über einen Wasserfall, wand sich durch die Felder und erreichte schließlich den großen Fluss. Es war ein friedlicher Ort, denn selten kam jemand hierher.

Am einen Ufer erhob sich eine knorrige alte Weide, deren Wurzeln bis ins braune Wasser reichten. Zwischen ihnen gab es Löcher, die den Eindruck erweckten, von Wasserratten zu stammen – bis der aufmerk-

same Beobachter die halb in den Schatten verborgenen kleinen Boote bemerkte. Holzsplitter bildeten eine Anlegestelle nicht länger als der kleine Finger einer menschlichen Hand, und Weidenkörbe für das Einfangen von Köcherfliegenlarven und zarte Netze waren zum Trocknen aufgehängt.

An diesem besonderen Tag ruderte Darby in seinem Walnussschalenboot auf den See hinaus und pfiff vor sich hin. Die anderen Leute, die unter der Weide lebten, wagten sich nicht so weit auf den Teich, aber hier wuchs die Wasserlinse üppig, und Kaulquappen schwammen in großen Schwärmen. Kaulquappen schmeckten nicht besonders, waren aber gut für die Gesundheit.

»Quak!«, machte eine Ente, wasserte dicht neben dem Boot und warf Darby einen drohenden Blick zu.

Darby sah sich um, schluckte und tauchte um sein Leben.

Selbst für einen guten Schwimmer war es ein weiter Weg zurück zur Weide. Er wagte nur dort aufzutauchen, wo es Wasserpflanzen gab, und die ganze Zeit über sah er oben die paddelnden Füße der Ente.

Schließlich zog er sich tropfnass auf die Anlegestelle, und Leute aller Art versammelten sich um ihn:

Mütter, Kleinkinder, Großväter, Onkel – alle etwa einen Zentimeter groß.

»Es ist schon wieder die Ente«, schnaufte Darby. »Diesmal hätte sie mich fast erwischt!«

»Bestimmt hat sie wieder unsere Nahrung verscheucht«, meinte Häuptling Han. »Oder gefressen. Und sie hat es auch auf uns abgesehen.«

Der Professor trat vor und strich sich über den langen weißen Bart. »Ich glaube, dies ist eine gute Gelegenheit, unseren Anti-Enten-Apparat auszuprobieren«, sagte er.

Also liefen die Leute durch lange Tunnel in der Weide, bis sie eine Höhle erreichten, einen offenen Bereich zwischen den Wurzeln. Von dort aus führte ein schmaler Gang zum Wasser.

Ein kleines U-Boot war an der Wand festgemacht. Der Professor öffnete die Luke und kletterte hinein, gefolgt von Darby und dem Häuptling. Sie schlossen die Luke über sich und öffneten die Ventile, woraufhin das Unterseeboot durchs dunkle Wasser glitt.

Kurze Zeit später verließ das U-Boot das Wurzelgeflecht und erreichte eine zauberhafte Welt mit goldenem Licht – der Sonnenschein schimmerte durch das braune Wasser und strich glitzernd über die Steine am Grund. Das U-Boot bestand aus einer ganzen Walnuss und wurde von einem Gummiband angetrieben. Darby und der Professor hatten Jahre gebraucht, um es zu bauen, und es war ein prächtiges Gefährt geworden. Es verfügte sogar über ein funktionstüchtiges Periskop und hatte anstelle von Torpedos einen Weißdornstachel am Bug.

Langsam schwebte es durchs Wasser und hinterließ einen kleinen Schweif aus winzigen Luftblasen. Darby blickte durchs Periskop.

Er entdeckte die Ente, die von unten betrachtet aussah wie ein dickes Boot mit Beinen.

»Ente voraus!«, rief er. »Ramme bereit! Volle Gummibandkraft!«

Han zog einen Hebel, und das Unterseeboot wurde schneller.

Die scheußliche Ente begriff gar nicht, wie ihr geschah. Das kleine U-Boot schoss nach oben und rammte sie mittschiffs. Mit einem erschrockenen Quaken

schwirrte der Vogel aus dem Wasser. An der Anlegestelle bei der Weide jubelten die Leute.

Das U-Boot nahm erneut Kurs auf die Ente, doch die hatte genug. Bevor Darby und der Professor sie erreichen konnten, flog die Ente übers Schilf und kehrte nicht zurück. Eigentlich kein Wunder.

Im Walnuss-Unterseeboot waren Darby und der Professor so sehr damit beschäftigt, sich voller Freude gegenseitig auf die Schulter zu klopfen, dass sie das ganz entrollte Gummiband erst gar nicht bemerkten. Die Leute am Ufer hingegen sahen das sehr wohl.

Das U-Boot trieb dem Wasserfall entgegen!

»He!«, rief Han. »Offenbar bewegen wir uns noch immer.«

»Na schön, Professor, volle Kraft zurück!«, erwiderte Darby und ergriff das Steuerrad.

»Geht nicht! Das Gummiband muss erst wieder aufgerollt werden!«

Darby hörte ein Donnern in der Ferne. »Tauchen! Etwas anderes bleibt uns gar nicht übrig!«

Der Professor griff nach der kleinen Handpumpe für die Ballasttanks.

Zu spät! Der Wasserfall war nicht besonders groß – ein Rinnsal über ein paar Steine, mehr nicht –, doch nur einen Zentimeter großen Leuten erschien er riesig. Er führte in einen kleinen Bach. Das Unterseeboot sauste den Wasserfall hinunter, drehte sich in einem Strudel, rollte zweimal um die eigene Achse und trieb dann in der Strömung des Bachs.

»Ich glaube, mir wird schlecht«, sagte der Professor und rutschte unter eine Koje.

Han hielt sich am Periskop fest, und Darby rang mit

dem Ruder. »Für Übelkeit haben wir keine Zeit«, sagte Darby. »Wickle das Gummiband auf!«

»Wir schaffen es nie gegen die starke Strömung«, brummte Han.

Für die Leute auf der Anlegestelle sah es aus wie eine wagemutige Reise ins Unbekannte. Die Wahrheit lautete: Das Unterseeboot trieb zwischen gewaltigen Weißdornbäumen, und geheimnisvoll anmutende Waldreben reichten bis zum Wasser hinab. Seltsame Vögel sangen in den Bäumen.

Der Bach führte mehr

Wasser als sonst, trug Treibholzstücke und Blätter mit sich. In diesem Durcheinander kehrte das kleine Unterseeboot an die Oberfläche zurück.

Die Luke öffnete sich, und der Professor und Darby kletterten nach draußen. Auf allen Seiten befand sich nichts als Wasser, doch der Wasserfall lag ein ganzes Stück hinter ihnen.

»Ach, was sollen wir jetzt ...«, begann der Professor, brachte den Satz jedoch nicht zu Ende, weil er ausrutschte und mit einem lauten *Platsch* ins Wasser fiel.

»Schon gut, schon gut, keine Panik!«, rief Darby und sprang von Bord, um den Professor zu retten, der nicht besonders gut schwimmen konnte und bereits unterging.

Als Darby wieder an die Oberfläche kam, hörte er Han nach ihm rufen. Der Häuptling sprang auf dem Unterseeboot umher und schrie aus vollem Hals: »Stichling! Hinter dir, ein Stichling!«

Darby drehte sich um und sah eine Rückenflosse durchs Wasser auf sich zukommen. Es war tatsächlich ein Stichling, der gefürchtetste Fisch im Bach!

Rasch half er dem Professor auf einen schwimmenden Zweig und tauchte. Unter Wasser war das Licht gelb und matt, und ein Rauschen drang ihm an die Ohren. Mit dem Messer – einem geschliffenen Brombeerdorn – zwischen den Zähnen hielt er nach dem Stichling Ausschau.

Dort kam er, das schreckliche Maul geöffnet, und Darby duckte sich gerade noch rechtzeitig zur Seite. Der grässliche Fisch sauste an ihm vorbei, machte kehrt und setzte zu einem neuen Angriff an. Diesmal war Darby bereit und stieß ihm das Messer in den Bauch. Es war ein harter Kampf, und das Wasser färbte sich rot vom Blut des Stichlings, der heftig zuckte und Darby zwischen die langen Zähne bekommen wollte. Darby hatte das Gefühl, dass ihm gleich der Kopf platzte – eine Ewigkeit schien seit seinem letzten Atemzug vergangen zu sein.

Oben zog Han den Professor aufs Unterseeboot und beobachtete besorgt das aufgewühlte Wasser. Er wollte schon die Hoffnung aufgeben, als Darby erschien und an Bord kletterte.

»Schnell! Wir müssen das Gummiband neu wickeln, damit wir wieder Motorkraft bekommen. Vielleicht treiben sich noch andere Stichlinge in der Nähe herum.«

Das U-Boot glitt weiterhin den Bach hinunter. Es hatte Bullaugen, und durch diese Öffnungen beobachteten die Abenteurer eine sonderbare Unterwasserwelt.

Kaulquappen und Wasserkäfer schwammen herbei und beäugten sie neugierig. Darby und seine beiden Begleiter nahmen eine Mahlzeit ein, während sie die Geschöpfe in der Nähe des Unterseebootes bestaunten.

Der Bach führte unter einer kleinen Brücke hindurch und setzte den Weg zum Fluss fort. Das U-Boot trieb in seiner Strömung.

»He!« Han schob seinen Teller beiseite. »Ich glaube, der Bach ist gerade viel größer geworden.«

»Ja, das stimmt«, bestätigte Darby. »Periskop ausfahren!«

»He, das Ufer scheint sehr weit entfernt zu sein!«, sagte er nach einer Weile. »Und ich sehe ein großes Ding, das ... *Tauchen*, schnell!«

Die anderen eilten zu den Pumpen und drehten die Kurbeln. Von oben kamen die Geräusche eines starken Motors, und das Wasser schäumte.

»Was in aller Welt war das?«, fragte der Professor, als sich die Lage wieder beruhigt hatte.

»Ich bin mir nicht sicher ... es sah nach einem riesigen Boot aus. Fast wären wir damit zusammengestoßen. Wir sollten besser eine Weile unten bleiben. Nur für den Fall.«

Das Wasser wurde trüb. Sie konnten draußen kaum noch etwas erkennen.

»Wie ziehen wir uns aus diesem Schlamassel?«, fragte Han.

»Meine Sorge gilt vor allem unserem Überleben, offen gestanden«, erwiderte Darby. »Jedenfalls, wie wär's mit einer Partie Domino?«

Nach einer Weile fuhr der Professor das Periskop wieder aus. »Hört ihr das?«, fragte er. »Ein gewisses Rauschen in der Ferne?«

Irgendwo gluckerte es plötzlich, und es folgte ein Donnern. Das Licht des U-Bootes traf auf nahe Wände. Sie befanden sich in einer Röhre!

Die Strömung riss sie immer schneller mit sich,

durch Kurven und stampfende Pumpen. *Wumm! Wumm! Wumm!*, machten die großen Maschinen des Wasserwerks (denn darum handelte es sich), und das kleine Unterseeboot wurde umhergeworfen, raste durch immer kleinere Röhren.

Ein dumpfes Pochen, und sie steckten kopfüber in einer kleinen Röhre fest. Unter den drei Abenteurern bildete sich eine Pfütze.

»Ich denke, wir sollten das U-Boot verlassen«, schlug Darby vor. »Es hat sich nämlich ein Riss in der Wand dort drüben gebildet.«

Sie alle starrten darauf.

Darby zerrte ein Rohr aus der Wand und hantierte damit herum. »Wenn man dies am Kopf befestigt und hier einen Trichter für den Mund hinzufügt, dann ergibt sich ein Schnorchel, durch den man atmen kann«, sagte er und wartete, bis der Professor und Han sich ebenfalls Schnorchel angefertigt hatten. Dann öffnete er die Luke.

Sichtbar wurden die feuchten Wände eines aufwärtsführenden langen Tunnels. Licht zeigte sich an seinem Ende. Geräusche erklangen aus der Ferne, ein Poltern und Dröhnen.

Herr Arnold Kartätsche klopfte gerade an den Kaltwasserhahn und fragte sich, warum kein Wasser mehr floss. »Muss den Klempner rufen«, brummte er, wickelte sich ein Handtuch um die Hüften und stieg nach unten.

Als sich die Tür schloss, blickte ein sehr kleiner Kopf aus dem Hahn hervor.

»Na so was!«, stieß Darby hervor. Sein Blick fiel auf ein gewaltiges Porzellantal, gefüllt mit Seifenwasser. Halb verborgen im Dampf grollte ein kupferner Geysir wie ein Vulkan. Ein Schwamm, größer als ein Wal, trieb langsam durch den Schaum, und die Seifenschale erschien Darby groß wie ein Berg.

»Dies sieht nach einem Ort aus, wo Riesen zu erwarten sind«, stellte der Professor in sachlichem Ton fest.

»Wir haben uns in den Rohrleitungen verirrt«, fügte Han hinzu.

»He, seht euch das an!«, rief Darby. Am Ende der Wanne lag ein Boot mit rotem Rumpf und einem komplizierten Räderwerk. »Welch prächtige Maschine! Glaubt ihr, wir können sie erreichen?«

»Aber warum?«, brummte Hand. »Dieser Teich ist zu schmal, und es gibt keinen Weg hinaus.«

»Ja, aber das ist eins von den Booten, die Riesen manchmal auf unserem Teich fahren lassen«, sagte Darby. »Erinnert ihr euch? Wir müssen uns dann immer verstecken.«

Er atmete tief durch, unternahm einen höchst eleganten Hechtsprung und verschwand im Seifenwasser. Han folgte ihm nach kurzem Zögern und zog den Professor hinter sich her.

Es dauerte recht lange, bis sie die andere Seite der Wanne erreichten, und es war ziemlich schwierig, an der glitschigen Seite des Bootes emporzuklettern. Doch hier und dort fanden ihre winzigen Hände Halt auf dem Porzellan.

»He, das sieht gar nicht mal so übel aus«, sagte Han, als sie alle an Bord des Bootes waren. »Seht nur, Motor und Segel! Und ein Ruder. Allerdings erscheint mir der Motor ein wenig seltsam.«

»Ich glaube, man muss ihn aufziehen«, bemerkte der Professor.

»Ich schätze, uns bleibt nichts anderes übrig als abzuwarten«, sagte Darby. »Ob es hier etwas zu essen gibt?«

»Ich habe einige Spinnweben an der Decke gesehen«, meinte Han.

»Mal sehen, was sich später finden lässt«, sagte Darby. »Ich bin ziemlich erledigt und muss erst mal ein bisschen ratzen.«

»Jemand hat uns hochgehoben!«, rief Han.

»Wurde auch Zeit«, brummte Darby. »Ich hab langsam genug.«

Seit mehreren Tagen lebten die drei Abenteurer an Bord des Spielzeugbootes im Badezimmer. Sie ernährten sich von Ohrwürmern und anderen Insekten, die in die Wanne fielen. Besonders gut schmeckten sie nicht, aber darauf kam es nicht an.* Der Professor hatte die Zeit genutzt und den Räderwerkmotor untersucht.

Sie klammerten sich an den Seiten fest, als das Boot hochgehoben und in eine riesige Tasche gelegt wurde, zusammen mit Handtüchern und Badekleidung.

»Mein Plan lautet wie folgt«, sagte Darby, als sie ordentlich durchgeschüttelt wurden. »Wenn das Boot ins

* Ein Ohrwurm reicht für viele Mahlzeiten, wenn man nur einen Zentimeter groß ist.

Wasser gesetzt wird, gehst du ans Ruder, Han. Professor, kannst du mit dem Motor umgehen?«

»Er muss dann und wann aufgezogen werden.«

»Alles klar. Wenn sich eine Gelegenheit bietet, geben wir dieses Boot auf und suchen uns ein besseres.«

Stunden später näherte sich eine gewaltige Hand, zog den Motor auf und setzte das Boot in einen Teich.

»Es geht los!«, rief Darby. »Alle Mann auf Station!«

Han griff nach dem Ruder und drehte es, damit das Boot zur Mitte des Teiches flitzte. Der kleine Junge, dem es gehörte, sah ihm verblüfft nach.

»Hm, dies ist Süßwasser«, sagte Darby und blickte über die Seite. »Es muss einen Zufluss geben. He, seht nur!« *Das* war ein großes elektrisches Boot, viel größer als jenes, mit dem sie unterwegs waren.

»Was für ein Schiff!«, staunte der Professor. »Glaubst du, wir schaffen es an Bord, Darby?« Er brachte ihr Boot längsseits.

»Wir versuchen es«, erwiderte Darby. »Folgt mir!« Er sprang, kletterte an der Seite des Schiffes hoch und spähte auf die Brücke. Zwei große Schalter waren dort auf dem Boden befestigt. »Der Umgang hiermit sollte nicht besonders schwierig sein«, sagte er. »Alle an

Bord!« Er ließ ein Seil hinab, und die anderen kletterten zu ihm herauf.

Das große Schiff sauste über den Teich, dem Zufluss entgegen. Darby hielt das Ruder, was alles andere als einfach war. Kurze Zeit später hatten sie den Zuflusstunnel hinter sich gebracht und den Fluss erreicht. Die Fahrt ging weiter, und sie ließen einen Schweif aus Schaum hinter sich zurück.

»Gut festhalten!«, rief Darby, als sie um Haaresbreite einen Schwan verfehlten. »Und haltet nach dem Bach Ausschau!«

»Dort ist eine Öffnung!«

Darby drehte das Ruder, das Schiff verließ den Fluss und fuhr den Bach hinauf. Einige Minuten später bohrte es seinen Bug ins Ufer neben dem Wasserfall.

»Ah, endlich wieder daheim!« Der Professor seufzte erleichtert. »Ich hoffe, ich muss nie wieder in meinem Leben eine solche Reise unternehmen.«

Sie wateten an Land und kletterten über die nassen Steine neben dem Wasserfall nach oben.

»Wisst ihr«, sagte Darby nachdenklich, »mit einer richtigen Besatzung an Bord könnten Reisen mit einem solchen Schiff großen Spaß machen. Gibt es etwas Schöneres, als auf dem Wasser unterwegs zu sein?«

»Stimmt«, sagte der Professor. »Drei Mann in einem Boot!«

Der Schafrodeo-Skandal

Ich habe Ihnen bereits von Llandanffwnfafegettupagogo erzählt, der gesetzlosesten Stadt im wahren Wilden Westen – womit Wales gemeint ist. Einmal beim jährlich stattfindenden Schafrodeo & Hundewettbewerb geschah dort Folgendes.

Es war Freitagabend, und Oberwachtmeister Bryn Bunyan, der schnellste Knüppel westlich der Grenze, saß mit seinen Freunden Polizeiassistent Gorsebush »Stechginster« Jones und Dok Rees beim Essen, als es auf der Hauptstraße plötzlich zu lautem Geschrei kam.

Gorsebush öffnete die Tür – und schloss sie schnell wieder, als ein halbes Dutzend Schafe hereindrängten.

»Die Schäfer sind wieder in der Stadt«, sagte er. »Sie kommen nur einmal im Jahr, aber einmal ist genug. Und wie sich's anhört, haben sie gerade ihren Lohn bekommen.«

Jedes Jahr trieben die Schäfer ihre Tiere von den Bergen in die Stadt, um sie beim Schafrodeo zu verkaufen, und das bedeutete immer Ärger, weil es zu Schlägereien kam und die Leute bis Mitternacht aufblieben.

»Ich denke, ich schlendere mal rüber zur Kneipe«, sagte Oberwachtmeister Bunyan.

»Ich glaube, ich schlendere mit Ihnen«, sagte Dok Rees. »Wenn die Jungs genug intus haben, gibt's Krawall, und das bedeutet Arbeit für mich.«

Als sie die Kneipe namens *Brikett* erreichten, hörten sie Gesang. Jemand spielte Klavier, und alle anderen riefen und klopften auf die Theke.

Bunyan und Rees blieben eine Zeit lang vor der Kneipe stehen und genossen die frische Abendluft. Plötzlich KRACHTE es, und jemand flog durchs Fenster. Der Betreffende blieb reglos am Boden liegen.

»Das ist Werner Wollig«, sagte Dok. »Hm. Nichts gebrochen«, fügte er enttäuscht hinzu.

»Ist er nicht der Chef der Zottel-Z-Farm.«

»Ja.«

Im nächsten Moment sprang die Tür auf, mehrere Schäfer wankten nach draußen und schlugen dabei aufeinander ein. Oberwachtmeister Bunyan überlegte kurz und blies dann in seine Trillerpfeife.

PIIIIIEEEEEP!

Alle erstarrten wie durch Zauberei. Oberwachtmeister Bunyan beugte die Knie.

»Schönen Abend, die Herren, und hallo, hallo, was ist denn hier los?«, sagte er. »Kaum fünf Minuten in der Stadt, und schon haben wir einen Fall von Ruhestörung? Das ist ziemlich fix.«

»Schuld ist der Schafdieb Wollig«, erklärte ein großer Mann, den Bunyan als Cowboy Evans erkannte, Eigentümer der Sauerlauchfarm.

»Er ist es, der Schafe klaut!«, erwiderte Werner Wollig, der inzwischen wieder aufgestanden war, und deutete auf Evans.

»Ich verstehe. Sie bezichtigen sich gegenseitig des Diebstahls von Schafen?«

»Ja«, erwiderten beide wie aus einem Mund.

»Ich kann beweisen, dass er meine Schafe geklaut hat«, fügten sie beide gleichzeitig hinzu und starrten sich finster an.

Die beiden Farmen grenzten aneinander, bei den Bergen am Ende des Tals. Wollig und Evans kamen eigentlich gut miteinander aus, flüsterte Dok Rees. Irgendetwas ging nicht mit rechten Dingen zu.

»Wir sprechen uns morgen früh«, sagte Bunyan. »Bis dahin will ich Ordnung in meiner Stadt, und das bedeutet keine Schlägereien auf der Straße …«

»Wenn Sie mich fragen …«, sagte Dok Rees. »Jemand hat Wollig und Evans Schafe gestohlen und es so hingedreht, als würden sie dahinterstecken.«

»Ich hätte einen von ihnen wegen Ruhestörung für die Nacht einlochen können«, meinte Oberwachtmeister Bunyan. »Aber das wäre ungerecht gewesen. Und beide zusammen in einer Zelle – das wäre auf einen weiteren Kampf hinausgelaufen. Die Stadt ist wegen des Schafrodeos voller Menschen, und ich will keinen Ärger.«

Sie frühstückten in Tante Megans *Lucky-Strike*-Teestube. Gorsebush gab sich Mühe, sein Frühstück so anzuordnen, dass es auf dem Teller ein Lächeln formte.

»Ich sag Ihnen noch was«, hob Dok Rees an und schlürfte seinen Tee. »Der Schafdieb ist in der Stadt, um die gestohlenen Schafe zu verkaufen. Bestimmt riskiert er nicht, sie sehr weit zu treiben.«

In diesem Moment ging jemand am Fenster vorbei, und es war gewiss kein Bewohner von Llandanffwnfafegettupagogo. Er trug einen glänzenden Zylinderhut, eine getüpfelte Fliege und eine Strickweste, die mit gestickten roten Drachen geschmückt war. Der Mann hatte einen langen Schnurrbart und buschige Brauen.

Oberwachtmeister Bunyan blickte nach draußen und ließ langsam seine Gabel sinken. »Wisst ihr, wer das ist?«, fragte er.

»Ein feiner Pinkel aus Cardiff, nehme ich an«, erwiderte Gorsebush und sah von seinen Würstchen auf.

»Das ist Felix Spielgut, der Spieler. Hat in der Hälfte aller Kneipen von Wales Hausverbot. Es gibt kein Spiel, das er nicht spielt: Darts, Domino, Billard, Siebzehnundvier – und er mogelt bei allen. Vielleicht ist er nur hier, um ein bisschen Geld zu verdienen, aber er könnte

auch etwas mit dem Schafdiebstahl zu tun haben. Ah, er kommt zu uns!«

Felix Spielgut betrat die Teestube.

»Guten Morgen, die Herren«, sagte er und legte kurz die Hand an seinen Zylinderhut. »Schöner Tag, nicht wahr?«

»Stimmt«, erwiderte Oberwachtmeister Bunyan. Etwas leiser fügte er hinzu: »Ein gezinkter Dominostein, und Sie kriegen Ärger.«

»An Ihrer Stelle würde ich einem respektablen Bürger nicht auf diese Weise drohen«, sagte Felix würdevoll. »Übrigens bin ich jetzt im Schafgeschäft.«

»Habe ich mir fast gedacht«, sagte Oberwachtmeister Bunyan. »Und um wessen Schafe geht es dabei?«

»Um meine natürlich.« Felix lächelte. »Zweihundert sind es. Hab sie im O. K.-Schafbad untergebracht, falls Sie einen Blick auf die Tiere werfen wollen. Es ist alles völlig legal.« Er zündete sich eine Zigarre an, winkte und verließ die Teestube.

Oberwachtmeister Bunyan sah seine Freunde an und hob die Brauen. »Ich sage euch, er ist ein Wolf im Schafspelz.«

Später statteten Oberwachtmeister Bunyan und Polizeiassistent Gorsebush dem Schafbad einen Besuch ab. Die dortigen Wollig-Schafe waren mit einem Kreuz markiert und die von Evans mit einem Kreis. Felix Spielguts Schafe befanden sich zwischen ihnen, jedes von ihnen mit einem Kreuz innerhalb eines Kreises.

»Es wäre ganz einfach, die anderen Zeichen in das Spielgut-Zeichen zu verwandeln«, sagte Gorsebush. »Und ich habe Spielgut beim jungen Dai Too gesehen, der jetzt, da Big Dai im Gefängnis sitzt, in die Fußstapfen seines großen Bruders treten möchte.* Genau die richtigen Leute für Schafdiebstähle.«

»Aber wir haben keine Beweise«, gab Oberwachtmeister Bunyan zu bedenken. »Morgen beginnt das Rodeo. Felix Spielgut wird die Schafe verkaufen und dann verschwinden. Ich könnte nachprüfen, ob die Schafe wirklich ihm gehören, ob sie tatsächlich sein Zeichen tragen, aber das würde zu lange dauern.«

»Dann sitzen wir in der Klemme«, meinte Gorsebush.

* Was ganz einfach war, denn Big Dais Fußstapfen boten genug Platz, da Dai Too um zwei Nummern kleinere Füße hatte.

»Wir müssen verhindern, dass er die Schafe morgen verkauft«, sagte Oberwachtmeister Bunyan.

»Wie wär's, wenn wir sie stehlen?«, schlug Gorsebush vor. »Mein Hund Schnappi könnte sie heute Abend zusammentreiben.«

»Das wäre illegal«, sagte Oberwachtmeister Bunyan streng. »Mit anderen Worten: Lassen Sie sich dabei nicht von mir erwischen.«

In jener Nacht verschwanden Felix Spielguts Schafe – die tatsächlich von den beiden anderen Schaffarmen gestohlen waren – aus ihrem Gehege. Im Morgengrauen trat Gorsebush Jones mächtig in die Pedale und fuhr in die Stadt, um herauszufinden, ob die Schafe tatsächlich Felix Spielgut gehörten.

Wo hat Jones die Schafe wohl versteckt?, fragte sich Oberwachtmeister Bunyan, als Felix Spielgut in die Wache stürmte und Zeter und Mordio schrie.

»Heute ist viel los, wissen Sie«, sagte er. »Das Schafrodeo beginnt. Aber ich will sehen, was ich tun kann.«

»Ich will meine Schafe zurück!«, rief Felix. »Ich muss sie heute verkaufen.«

»Bestimmt sind sie nicht weit«, beruhigte ihn Oberwachtmeister Bunyan.

Kaum war Felix Spielgut fort, da hörte Oberwachtmeister Bunyan ein Geräusch aus den Zellen hinter der Wache. Er öffnete das Guckloch und schloss es schnell wieder. Die Zellen waren voller Schafe, und an der Tür hing ein Zettel mit der Aufschrift:

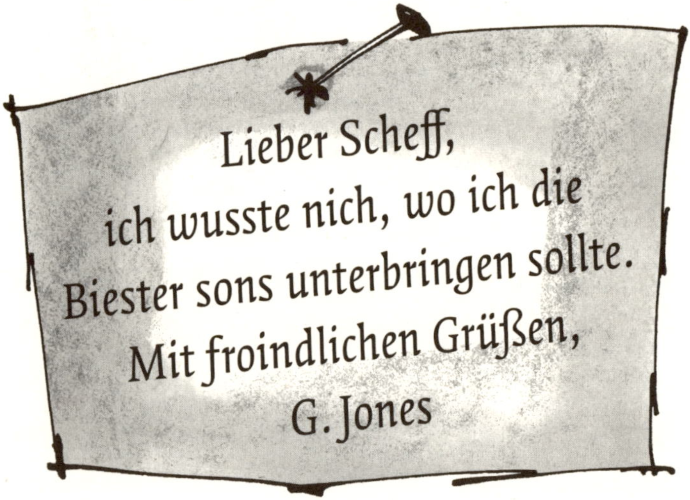

Draußen war das Schafrodeo in vollem Gang, mit Schafbad-, Schaftreiben- und Schafscheren-Wettbewerben. Plötzlich kam Gorsebush in aller Eile angeradelt.

Er platzte in die Wache und winkte mit einem Stück Papier.

»Felix Spielguts Schafzeichen ist nirgends registriert!«, stieß er hervor. »Alles Schwindel. Die Schafe sind garantiert gestohlen.«

Bunyan rammte sich den Helm auf den Kopf. »Also gut«, sagte er.

Er öffnete die Tür – und eine Schafschere bohrte sich neben seinem Ohr in den Türpfosten.

Dai Too, der am Fenster gelauscht hatte, sprang auf Gorsebushs Fahrrad und sauste davon. Felix Spielgut, der die Schere geworfen hatte, saß auf der Stange.

»Haltet diese Männer fest!«, rief Oberwachtmeister Bunyan. »Sie werden am Montag dem Richter des Amtsgerichts von Llandanffwnfafegettupagogo vorgeführt.«

»Sie haben Schafe gestohlen!«, fügte Gorsebush hinzu und spähte vorsichtig um die Ecke. Alle Schäfer und Hirten drehten sich um und rannten los.

»Das ist nicht ganz korrekt«, sagte Oberwachtmeis-

ter Bunyan und wandte sich an Gorsebush. »Schuldig sind sie offiziell erst am Montag. So will es das Gesetz. Alle sind unschuldig, bis ein Richter sie für schuldig befunden hat.« Und dann brüllte er: »Fasst die verdammten Schafdiebe!«

Bis auf den Milchmann Alun Allen, der mit seinem Milchwagen dahinzockelte, war die Straße leer. Oberwachtmeister Bunyan sprang an Bord und rief: »Los, hü!« Er schnappte sich die Zügel, und der Milchwagen verschwand hinter den Schäfern und Hirten.

»Wir holen sie nie ein«, stöhnte Gorsebush, als der Milchwagen in die Berge rumpelte.

Oberwachtmeister Bunyan zog die Zügel, und aus dem langsamen Trab des Milchmannpferdes wurde ein langsames Gehen. »Sie haben völlig recht«, sagte er. »Die Situation verlangt gründliches Überlegen.«

Es war ruhig und friedlich in den Bergen von Llandanffwnfafegettupagogo. Vögel zwitscherten, Bienen schwirrten wie lebendige kleine Kampfflugzeuge über dem Heidekraut, und das Pferd hielt an, um zu grasen.

Oberwachtmeister Bunyan nahm den Helm ab und wischte sich den Schweiß von der Stirn. Plötzlich setzte er sich kerzengerade auf. »Ich weiß«, sagte er. »Wir fangen sie bei Plimsolls Stein ab.«

So hieß ein Ort an der Straße, die aus Llandanff-etc. hinausführte. Gemeint war eine Felsbank in den bewaldeten Bergen, mit Blick auf den Fluss Severn.*

Oben in den Bergen hatten Schafdieb Dai Too und Spieler Felix Spielgut die Verfolger abgeschüttelt und ließen ihr Rad über den langen Hang rollen, der nach Plimsolls Stein führte.

* Eines Tages war ein Mann namens Plimsoll von dieser Felsbank gestürzt, und deshalb hatte man sie nach ihm benannt.

»Ist das nicht ein Milchwagen dort unten auf der Straße?«, fragte Felix und blickte Dai über die Schulter.

»Ja«, knurrte Dai und wollte bremsen. Nun war es aber so, dass er sich Gorsebushs Fahrrad geschnappt hatte, und Gorsebush bremste, indem er die Stiefel gegen das Vorderrad drückte. Mit anderen Worten: Das Fahrrad hatte keine Bremse.

Die Räder drehten sich so schnell, dass sie sich in zwei Schemen verwandelten. Oberwachtmeister Bunyan und Gorsebush blickten hinter dem Milchwagen hervor und starrten entsetzt auf das Fahrrad, das ihnen mit zwei schreienden Passagieren entgegenraste.

Es stieß gegen einen Stein – *Wumms!* – und flog zur Seite, durch eine Hecke, über einen Bach (in einer Wolke aus Spritzwasser), durch eine weitere Hecke, über einen Baumstumpf, durch ein kleines Waldstück ... und hoch in die Luft wie ein Vogel.

Das Fahrrad flog über die Felsbank hinweg und begann mit dem langen Sturz zum Fluss. Als Oberwachtmeister Bunyan und Gorsebush den Rand erreichten, sahen sie tief unten nur größer werdende Wellenkreise, und Felix Spielguts Zylinderhut schwamm in der Mitte. Gorsebush nahm den Helm ab und stand betroffen da.

»Heda!«, klang eine Stimme aus einem Weißdornbaum hinter ihnen. Es war Felix Spielgut, der mitten in den Dornen steckte. Und sie fanden auch Dai Too, der in einer Hecke lag und ziemlich verwirrt wirkte. Ihm fehlten Stiefel und Strümpfe – beides war im Vorderrad hängen geblieben. Dieb und Spieler ließen sich widerstandslos festnehmen und saßen während der Rückkehr nach Llandanffwnfafegettupagogo benommen im Milchwagen.

»Da fällt mir ein …«, begann Gorsebush. »Wir können sie nicht in den Zellen unterbringen. Die sind voller Schafe!«

»Die Schafe brauchen wir Montag als Beweismittel«, erwiderte Oberwachtmeister Bunyan. »Ich fürchte, Dai und Felix müssen die Zellen mit ihnen teilen.«

Und so brachten sie die Diebe bei den gestohlenen Schafen unter.

Kurze Zeit später kamen die Schäfer und boten

für die Schafe, die natürlich noch immer zum Verkauf standen. Und wie sie lachten, als sie Dai Too und Felix Spielgut bei den Schafen eingepfercht sahen!

»Ich biete zehn Pfund für das Viech dort drüben!«, gluckste Werner Wollig und wies auf den barfüßigen Dai Too, der sich vor einem Mutterschaf in Sicherheit zu bringen versuchte, das es auf seinen linken großen Zeh abgesehen hatte.

»Und ich gebe ebenso viel für den zweibeinigen Esel mit der angeknabberten Weste da vorn«, sagte Cowboy Evans und deutete auf den sehr verlegenen Felix Spielgut.

Die Schäfer und Hirten lachten laut.

Eine Ameise namens 4 179 003

Es war einmal – oder vielleicht auch zweimal – eine Ameise namens 4 179 003. Sie lebte in einem Ameisenhaufen zusammen mit vielen anderen Ameisen, die ebenso aussahen wie sie. Freunde hatte sie keine, denn Ameise Nummer 4 179 004, mit der sie befreundet gewesen war, hatte ihr Leben unter einer Hundepfote verloren. Im Ameisenhaufen war es dunkel, und alle Tage glichen einander.

Eines Tages schleppte Nummer 4179003 Ameiseneier wie alle anderen Ameisen und dachte: Warum mache ich dies? Ist dies alles, was das Leben zu bieten hat?

Sie hielt inne und setzte ihre Last ab.

Das ist ein subversiver Gedanke, dachte sie schockiert von sich selbst. Wenn die Königin davon erfährt, werde ich exekutiert, und dann bekommt eine andere Ameise meine Nummer. Ich bin dem Nest gegenüber nicht treu ergeben.

Sie schleppte die Ameiseneier etwas weiter durch den Tunnel.

Gestern habe ich Eier getragen, und morgen werde ich ebenfalls Eier tragen, dachte sie. Keine besonders aufregende Aussicht. Je mehr sie darüber nachdachte, desto weniger aufregend wurde es.

Ach, was soll's?, dachte Ameise Nummer

4179003, ließ die Eier fallen und lief zum Ausgang.

Es dauerte nicht lange, bis man das Fehlen von Nummer 4179003 bemerkte. Eine jener Soldatenameisen, die über besonders große Beißzangen verfügten, beobachtete die vorbeiziehende Kolonne und bemerkte die Lücke darin. Sofort gab sie Alarm.

»Ein Deserteur!«, rief sie. »Haltet ihn auf!«

Aber zu spät – Nummer 4179003 war bereits auf und davon.

Sie lief an Grashalmen vorbei und warf immer wieder einen Blick über die Schulter zurück. Und das war gut so, denn Soldatenameisen verließen das Nest und nahmen mit klickenden Beißzangen die Verfolgung auf.

Die Ameise prallte gegen einen Grashalm, und da ihr nichts Besseres in den Sinn kam, kletterte sie daran hoch. Der Halm erbebte, als unten die Soldatenameisen vorbeitrampelten.

»Hmm«, erklang eine Stimme neben 4 179 003.

»Huch!«, entfuhr es ihr, und sie warf sich herum. Eine große Heuschrecke beobachtete sie und blickte dann über den Rand des Grashalms.

»Sie machen ziemlich viel Aufhebens wegen einer Ameise«, sagte die Heuschrecke. »Hast was Schlimmes angestellt, wie?«

»Es ist verboten, das Nest ohne Erlaubnis zu verlassen«, antwortete 4 179 003 mit zittriger Stimme.

»Oh, ich verrate dich nicht«, versprach die Heuschrecke. »Wir sind hier alle sehr aufgeschlossen. Wie heißt du?«

»Man nennt mich Ameise 4 179 003.«

»Das ist eine Zahl! Ich meine, wie lautet dein Name?«

»Einfach nur ich«, sagte Nummer 4 179 003.

»Von mir aus, ›Ich‹«, brummte die Heuschrecke. »Obwohl ›Ich‹ als Name nicht viel hergibt, um ganz ehrlich zu sein. Na ja, einmal Ameise, immer Ameise. Ich kannte mal eine Biene, der es ähnlich erging wie dir. Wollte etwas mehr von der Welt sehen. Hat nicht

geklappt. Sie kriegte Hunger, und ihr wurde kalt. Hatte schließlich genug. Nein, Leute wie ihr sollten besser in eurem Nest bleiben. Schleich dich in den Haufen, bevor die Soldaten zurückkehren! Dann glauben vielleicht alle, dass du gar nicht weg warst.«

»Nein!«, erwiderte Ich. »Ich will sehen, was in der Welt vor sich geht.«

Die Heuschrecke musterte die Ameise aufmerksam. »Es gibt noch einen Grund, warum du besser zurückkehren solltest. Manchmal, wenn ich Hunger bekomme, esse ich Ameisen. Nichts für ungut. Es liegt in meiner Natur. Ich meine, wenn ich in den nächsten Minuten Hunger bekäme, könnte ich versucht sein, dich zu verspeisen.«

Ich wich zurück und rutschte am Grashalm hinab.

»Du wirst es bereuen!«, rief ihr die Heuschrecke hinterher, aber Ich eilte bereits durchs Gras.

Nach einer Weile kroch sie auf ein Ampferblatt und blickte sich um. Von den Soldatenameisen, die sie verfolgt hatten, und von der Heuschrecke war weit und breit nichts zu sehen.

Ich bin frei, dachte Ich, die Ameise, und vollführte einen kleinen Freudentanz auf dem Blatt. Keine

Zahlen mehr! Niemand kommandierte sie herum! Hurra!

Die Sonne schien, und es fühlte sich großartig an. Die Ameise rollte über das Blatt und tat all das, was sie eigentlich nicht tun durfte: Sie schlug Purzelbäume, pfiff und stampfte mit allen sechs Füßen. Nach etwa fünf Minuten hatte sie alles Verbotene durch und bekam Appetit.

Honig, dachte sie. Sie musste irgendwie an Honig gelangen, ohne zum Nest zurückzukehren. Offen gestanden, die Ameise hatte sich nie Gedanken darüber gemacht, woher die Nahrung kam – sie hatte sich einfach in der Nestkantine in die Warteschlange gestellt wie alle anderen.

Plötzlich summte etwas über ihr. Nummer 4 179 003, beziehungsweise Ich, hielt inne und hörte ein Husten. Es folgte neuerliches Summen, dem sich wieder ein kurzes Husten anschloss. Das wiederholte sich mehrmals, und dann krachte es, und eine Biene prallte fluchend vom Ampferblatt ab.

Die Ameise spähte über den Rand. »Bist du verletzt?«

»Nur mein Stolz, Teuerste, nur mein Stolz«, sagte

die liegende Biene. »Der Motor hat den Geist aufgegeben. Muss zu Fuß nach Hause zurückkehren. Bist du die Ameise, nach der ich Ausschau halten soll?«

Nummer 4 179 003 glaubte zu verstehen. »Du musst die von der Heuschrecke erwähnte Biene sein. Die den Bienenstock verließ.«

»Die bin ich, ja. Hab's für sinnvoll gehalten, dich zu suchen. Wir Rebellen müssen zusammenhalten. Übrigens, ich wäre dir dankbar, wenn du mir hochhelfen könntest.«

Die Ameise hebelte die Biene mit einem Grashalm nach oben und half ihr, die Flügel zu glätten.

»Schon besser«, sagte die Biene. »Ich heiße Summviel. Wie geht's, wie steht's? Lust auf einen kleinen Spaziergang? Ich hab da ein Plätzchen in der Hecke. Nichts Großartiges, aber recht gemütlich. Schiebst Kohldampf, nehme ich an. Ich hätte da ein paar Tröpfchen Honig für dich. Komm!« Summviel kroch los, und die Ameise lief, um den Anschluss nicht zu verlieren.

Unterwegs schilderte Summviel in kurzen Sätzen, wie sie die Lust am Leben im Bienenstock verloren und beschlossen hatte, sich die große weite Welt anzusehen.

»Genau so ist es auch mir ergangen«, sagte die Ameise bewundernd. »Ich hatte genug davon, jeden Tag die gleichen Tätigkeiten auszuführen.«

»Verstehe ich gut, Kumpel. Welchen Sinn hat's?, habe ich mich gefragt. Und die Antwort lautet: keinen. Ich hab da also dieses verlassene Mäuseloch, das recht bequem ist. Manchmal begegne ich einigen alten Freunden aus dem Bienenstock, aber sie können nie genug Zeit für eine nette Plauderei erübrigen. Arbeit, Arbeit und immer nur Arbeit, so sieht ihr Leben aus.«

Summviel führte die Ameise den Hang hinauf und in ein Loch. Drinnen war es eng und warm. An den Wänden reihten sich Honigtöpfe aneinander. Die Biene ergriff einen, nahm den Deckel ab und bot der Ameise einen Schluck an.

»Wohlsein«, sagte sie.

»Danke«, erwiderte die Ameise. Offenbar war die Freiheit doch nicht so übel.

Sie hatten gerade einen zweiten Topf geöffnet, als Summviel aus dem Mäuseloch blickte.

»Da kommen die Soldatenameisen!«, rief sie. »Sie sind uns gefolgt.«

Die Ameise spähte ebenfalls hinaus und beobachtete, wie die Soldatenameisen über den Hang marschierten. Es waren *Hunderte*, und das Klicken und Klacken ihrer Beißzangen war zu hören. Ihre Füße stampften im Rhythmus eines Liedes, das sie sangen, als sie den Hang erklommen.

»Wir Ameisen marschieren ganz und gar,
Hurra, hurra!
Zehntausend Beine im Takt, wie wunderbar,
Hurra, hurra!

Den ganzen Tag arbeiten wir,
Denn so ist es Tradition hier,
*Und so marschieren wir ...«**

»Du wiegst nicht viel«, sagte Summviel und hob Ich hoch. »Gut festhalten – ich versuche zu starten.«

Ihre Flügel heulten wie Kreissägen, als die Biene über den Hang sprang, schließlich aufstieg und dicht über die schnappenden und klackenden Beißzangen der Soldatenameisen hinwegflog.

Ich blickte benommen nach unten und sah, dass die Soldatenameisen ins Mäuseloch marschierten.

»Sie werden deinen ganzen Honig verspeisen«, sagte Ich. »Oh, das tut mir leid.«

»Schon gut. Mit dir kann ich nicht weit fliegen, wir sollten also besser nach einem Landeplatz Ausschau halten. Bitte anschnallen und das Rauchen einstellen!« Summviel schluckte. »Du scheinst schwerer geworden zu sein.«

Ich sah sich um – und bemerkte eine Soldatenameise, die an Summviels Hinterbeinen hing.

* Sie waren gute Soldaten, aber wenn es darum ging, sich gute Texte für Lieder einfallen zu lassen, mangelte es ihnen an Kreativität.

»Wir haben einen blinden Passagier!«, rief Ich.

»Dies ist eine Entführung«, erklärte die Soldatenameise. »Flieg zum Ameisennest, oder ich beiße zu!« Den Worten folgte ein drohendes Klappern der Beißzange.

Summviel flog steil nach oben, vollführte einen Looping und drehte anschließend einige enge Spiralen. Beide Ameisen klammerten sich an der Biene fest.

»Keine Tricks …«, begann die Soldatenameise, doch weiter kam sie nicht, denn Ich stürzte sich auf sie, packte die Beine und zog.

Der blinde Passagier – beziehungsweise der Bienenentführer – verlor den Halt, und sie fielen beide. Summviel schrumpfte schnell zu einem Punkt über ihnen. Die Soldatenameise war schwerer und fiel schneller, was bedeutete: Ich blieb allein und flog im Wind.

Flügel brummten, Summviel schwirrte heran und schwebte unter der kleinen Ameise. »Klettere an Bord!«, verlangte die Biene.

Sie flogen über einen Wald, und über einem Bach wurde Summviel langsamer.

»Halt dich fest!«, befahl Summviel. »Ich kann nicht mehr viel weiter.«

Sie landeten in einem Büschel Brunnenkresse und saßen keuchend auf breiten, feuchten Blättern.

»Dieser Ort scheint recht nett zu sein«, befand die Ameise, als sie ans Ufer kletterten. »Gemütlich. Und weit genug vom Ameisennest entfernt.«

»Das Loch dort drüben sieht interessant aus«, sagte die Biene.

Das Loch hatte einer Ratte gehört, war jetzt aber verlassen, abgesehen von einem Ohrkneifer, der fortkroch, als sie sich näherten.

»Hier gibt's reichlich Platz für Honig«, stellte Summviel fest. »Sehr geräumig. Guter Blick aufs Wasser. Friedlich.«

Und so blieben sie, sammelten gelegentlich ein wenig Honig und verbrachten die meiste Zeit mit süßem Nichtstun. Sie beobachteten, wie das Wasser des Baches vorbeiströmte, während die anderen Ameisen und Bienen jeden Tag hart arbeiteten und keine Zeit zu Muße und Beobachtung fanden.

Der Feueropal

Lange bevor Menschen auf der Erde wandelten, gab es einen Berg, so hoch, dass sein Gipfel für immer in den Wolken verborgen lag. Er hieß Weißhelm, und auf seinem Gipfel, in einer kleinen Mulde im schwarzen Fels, erstreckte sich ein friedliches Tal.

Dort lebte das Bergvolk. Man könnte sie Trolle nennen. Sie waren halb so groß wie Häuser und hatten eine Haut härter als Stein.

Ihr König trug eine Krone aus Eisen und Blei, mit einem Feueropal in der Mitte.

Der Feueropal stammte aus dem Erdinnern. Er leuchtete in allen Farben, selbst nachts – dann reflektierten die Wolken über dem Tal den bunten Glanz. Die Trolle glaubten, dass ihre Vorfahren den Opal mitgebracht hatten, als sie aus der Mitte der Erde gekommen waren.

Eines Tages zerbröckelte der alte König – er zerfiel zu Staub –, und ein neues Oberhaupt des Bergvolkes musste gekrönt werden. Sein Name lautete Tyran Ogg.

Er hatte es nicht unbedingt darauf abgesehen, König zu werden. Viel lieber wäre er mit einer Expedition aufgebrochen und hätte das Land unterhalb des Berges erforscht.

Es lief darauf hinaus, dass ihn das Tal langweilte. Der Mond hatte es ihm angetan. In klaren Nächten beobachtete er ihn und wünschte sich auf seine Oberfläche, weil es dort öde und felsig war – genau der Ort, den Trolle liebten. Da Trolle halb aus Stein bestanden, konnten sie natürlich mit Felsen und Bergen sprechen, und Tyran Ogg hätte sich gern mit dem Mond unterhalten.

Wenn er ihn doch nur irgendwie erreichen konnte!

Als ihm der Erzbischof-Troll die Krone auf den Kopf setzte, löste sich der Feueropal mit einem *Plopp* und rollte durchs Tal.

»Fangt ihn, schnell!«, rief der Erzbischof, und Prinz Tyran und seine Soldaten liefen los. Der Opal rollte und hüpfte, blieb schließlich am Ende des Tales liegen.

»Niemand rührt sich, und seid mucksmäuschenstill!«, hauchte der wachhabende Offizier. Auf Zehenspitzen schlich er zum Opal, streckte die Hand danach aus ... Und im nächsten Moment sahen die anderen nur noch seine Zehen am Rand des Abgrundes. Der Palastkoch Ogbuff sprang vor und griff nach den Füßen des Wächters.

Prinz Tyran sprang ebenfalls vor und ergriff den Palastkoch am Kragen. Dann gab der Rand unter dem Gewicht von drei Trollen nach. Jene, die einen Blick in die Tiefe zu werfen wagten, sahen drei immer kleiner werdende Gestalten, die schließlich in den Wolken verschwanden, zusammen mit dem glitzernden Feueropal.

»Sie werden sterben«, murmelte jemand.

»Nein«, widersprach der Erz-

bischof. »Trolle können alles aushalten. Aber ich bezweifle, dass sie den weiten Weg hierher zurückkehren können. Der Feueropal wird fallen und rollen, bis er die Mitte der Erde erreicht, woher er stammt.«

Durch die Wolken stürzten die Trolle. Ogbuff sah den Boden unangenehm schnell näher kommen.

Rums! Klonk! Wamm! Die drei Trolle prallten auf und rollten durch den Kiefernwald am Hang des Berges Weißhelm, zerschmetterten Bäume und hinterließen Mulden im Boden. Zum Glück sind Trolle nahezu unzerstörbar, und so hatte Prinz Tyran nur leichte Kopfschmerzen, als er die tiefste Stelle erreichte und aus dem von ihm selbst geschaffenen Krater herauskletterte.

Seine Krone aus Eisen und Blei war ihm über die Augen gerutscht, und eine Zeit lang taumelte er umher und versuchte, die klemmende Krone wieder nach oben zu schieben. Dann fand er den wachhabenden Offizier, der an den Füßen in einem hohen Baum hing.

Nach kurzer Suche entdeckten sie den Koch Ogbuff, der bis zu den Ohren in einem Teich saß. Luftblasen stiegen vor ihm auf.

Doch den Feueropal fanden sie nicht.

»Ich glaube, er ist dorthin gerollt«, sagte der Wächter und deutete auf einen dichten Wald. Sie waren noch immer ziemlich weit oben, und die Landschaft lag wie eine Karte vor ihnen ausgebreitet.

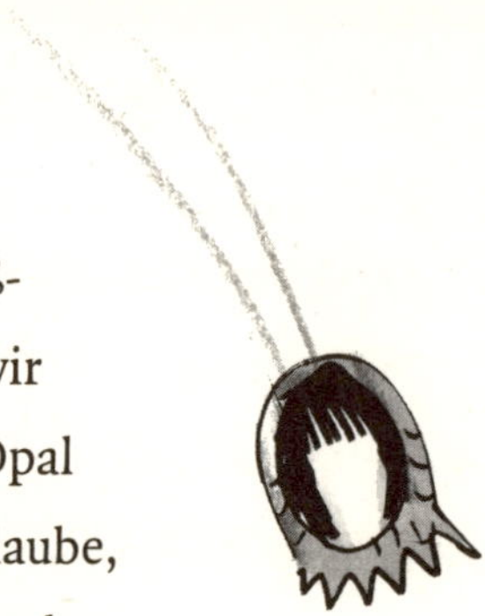

Prinz Tyran blickte zu den Wolken am Gipfel des Berges Weißhelm hinauf und schauderte. »Da wir schon hier sind, sollten wir den Opal besser suchen«, sagte er. »Ich glaube, seit wir aus der Mitte der Erde gekommen sind, war kein Troll mehr so tief unten. Kommt!«

Bedrückt marschierten sie durch den dunklen Wald, drei Schatten zwischen den Bäumen. Ihre schweren Schritte klangen wie Trommelschläge.

Bumm!

Bumm!

Bumm!

Der Abend dämmerte, und ein großer orangefarbener Mond ging über dem Wald auf. Der Prinz blickte zu ihm hoch und geriet erneut ins Träumen.

Ogbuff bildete den Abschluss ihrer kleinen Kolonne und versuchte, in alle Richtungen gleichzeitig zu sehen. Nach einer Weile hörte er seltsame Geräusche. Da

war das dumpfe Pochen der Trollschritte – und noch etwas anderes. *Tapp, tapp, tapp. Tapp, tapp, tapp, rumms! Tapp, tapp, tapp, tapp, rumms! Rumms!*

»Argh!«, rief er, lief los und prallte gegen den Wächter, der stolperte und gegen Prinz Tyran stieß. »Da ist was hinter uns!«

»Guten Abend«, erklang eine Stimme. Sie schien von weit oben zu kommen.

Der Prinz blickte hoch und bemerkte eine große Gestalt. Sie sah zunächst wie eine Kiefer aus, aber als er sich an das schwindende Licht gewöhnt hatte, erkannte er die Kiefernnadeln als Barthaare in einem knorrigen Gesicht. »Hast du beim Geschichtsunterricht nicht aufgepasst?«, wandte er sich an Ogbuff, der in den Boden kriechen wollte. »Das ist eine Waldnymphe. Eine Dryade. Sind praktisch mit uns verwandt.«

»Tut mir leid, dass ich euren dicken Freund erschreckt habe«, sagte die Waldnymphe mit einer Stimme, die sich wie das Knarren von Zweigen im Wind anhörte. »Ich heiße Arcantrellhyrodollomenemon und habe eure Landung beobachtet.«

»Wir haben dich nicht gesehen«, erwiderte Tyran. »Ich bin Tyran, Prinz von

Weißhelm, und dies sind Ogbuff und mein wachhabender Offizier.«

»Den Wächter kenne ich«, sagte die Dryade. »Er landete kopfüber in meinem Bart. Vermutlich habt ihr mich für einen Baum gehalten. Sucht ihr zufälligerweise ein glänzendes großes Objekt?«

»Ja«, sagte Tyran. »Weißt du, wo es sich befindet?«

»Ein glänzendes großes Ding fiel kurz vor eurer Landung durch mein Dach«, erwiderte die Dryade. »Das gehört sich nicht, muss ich euch sagen. Die Beschädigung von fremdem Eigentum ...«

»Es ist der Feueropal aus meiner Krone«, sagte Tyran. »Hast du ihn noch?«

Die Dryade kratzte sich am Bart – es klang wie fernes Donnergrollen. »Nun ja«, sagte sie. »Komische Sache. Das Ding hüpfte durch die Tür und rollte durchs Tal.«

»Wohin? Wohin?«, riefen die Trolle wie aus einem Mund.

Die Dryade wies in die entsprechende Richtung, und Tyran und seine beiden Gefährten liefen sogleich los. »Beschädigt keine Bäume!«, rief ihnen die Dryade nach. »Ich sage meinen Verwandten im Tal Bescheid und bitte sie, auf euch zu achten!«

»Warum macht sich die Waldnymphe Sorgen wegen der Bäume?«, schnaufte Ogbuff, als sie über einen Teppich aus Kiefernnadeln liefen.

»Weil sie selbst ein halber Baum ist«, entgegnete Prinz Tyran. »Die Dryaden hüten Bäume wie Vieh und können mit ihnen reden, so wie wir mit Felsen sprechen.«

Während die drei Trolle dem Opal folgten, hörten sie sonderbare Geräusche aus dem Wald ringsum. Dann und wann sahen sie Augen hoch oben in den Bäumen. Die Dryaden wollten sich offenbar vergewissern, dass ihren geliebten Bäumen kein Leid geschah.

Schließlich erreichten sie eine Stelle, wo sich zwei Wege kreuzten. »Wohin ist der Feueropal wohl von hier aus gerollt?«, fragte Tyran.

Was wie ein ganz gewöhnlicher Baum aussah, streckte einen Zweig und deutete in eine bestimmte Richtung. »Dorthin.«

»Danke«, sagte der Prinz.

Sie waren froh, den Wald verlassen zu können, als

die Sonne aufging. Vor ihnen erstreckten sich feuchte grüne Wiesen, von Binse durchsetzt, und in der Mitte des Tales strömte ein breiter brauner Fluss.

»Heda, ihr Leute!«, tönte eine Stimme mitten aus dem Wasser.

»Das ist eine Wassernymphe«, sagte Tyran.

»Äh ...«, begann der Wächter. »Ich habe sie immer für ... ihr wisst schon, für Mädchen gehalten, mit langem Haar und so.«*

Doch die Nymphe sah ganz anders aus. Kopf, Schultern und Bart waren grün wie die Binse, und in der einen Hand hielt sie – oder vermutlich er – eine Keule. Die andere Hand hatte einen Fisch gepackt und schlug damit aufs Wasser, um die Aufmerksamkeit der drei Trolle zu wecken.

»Ihr Steinleute!«, rief die Wassernymphe. »Kommt her!«

Tyran und seine beiden Begleiter platschten zu der Nymphe, die nach Flussufer roch.

»Sucht ihr vielleicht einen glänzenden großen Kiesel?«, fragte sie.

* Er hatte sich immer gefragt, was sich hinter dem »und so« verbarg.

»Der ›glänzende Kiesel‹ ist unser Feueropal«, erwiderte Prinz Tyran. »Hast du ihn?«

»Er hüpfte direkt in meinen privaten Teich und hätte mich fast umgestoßen«, sagte die Nymphe zornig. »Ich weiß nicht, wo er jetzt ist. Wahrscheinlich rollte er weiter durch den Fluss.«

»Der Feueropal ist sehr wichtig für uns«, erklärte Tyran. »Wir folgen ihm schon den ganzen Tag. Er ist unser Kronjuwel, musst du wissen.«

»In dem Fall bin ich vielleicht imstande, ihn zu finden«, sagte die Nymphe und kniff die Augen zusammen. »Ich schätze, ihr seid Leute, die dauernd Luft atmen, nicht wahr?«

»Wir sind Steintrolle«, verkündete Tyran stolz. »Wenn es sein muss, können wir den Atem unter geschmolzenem Stein anhalten.«

»Hmpf«, machte die Wassernymphe und fügte hinzu: »Folgt mir!« Sie tauchte.

Tyran, Ogbuff und der Wächter stapften über den Grund des Flusses. Trolle können nicht schwimmen, denn dafür sind sie viel zu schwer.

Die Wassernymphe erzählte ihnen, dass sie – beziehungsweise er – Ikone hieß und König des Flus-

ses war. Gelegentlich verharrte Ikone, um mit den Fischen zu sprechen, die ihn wie ein Heer umschwärmten. Das Wasser war kalt und voller Fische, die in die Nähe der drei Trolle schwammen und hungrige Blicke auf sie richteten.

»Dieser Fluss muss unser Trollwasser sein«, sagte der Wächter in einer Wolke aus Luftblasen, und sie alle dachten an den kleinen Bach, der aus ihrem Berg kam.

Als Ikone schließlich wieder auftauchte, marschierten die Trolle in Richtung Ufer, bis ihre Köpfe wie Felsen aus dem Wasser aufragten.

»Die Strömung trägt euren Opal zum Meer«, sagte Ikone. »Ist er sehr wertvoll?«

Sie alle nickten betrübt.

»Es ist sehr groß, das Meer«, fuhr Ikone fort. »Um die ganze Welt führt es herum. Auf dem Grund gibt es Höhlen, tiefer als der Berg, auf dem ihr lebt.« Er bemerkte die niedergeschlagenen Mienen der drei Trolle. »Kopf hoch!«, fügte er hinzu, denn er war eine freundliche Wassernymphe. »Ich habe einen Freund, der im Meer wohnt. Kann ein bisschen verdrießlich sein, ist ansonsten aber recht nett. Ein Meerestroll. Was haltet ihr davon, wenn wir ihm einen Besuch abstatten?«

Den ganzen Tag folgten die Trolle dem Flusskönig durch seinen Fluss, bis das Wasser immer salziger wurde, die Oberfläche immer grüner und die Fische an Größe immer mehr zunahmen.

»Ich kann euch nicht weiterführen, wegen des Salzes«, sagte Ikone. »Geht an Land, dann rufe ich den Meerestroll.«

Die Trolle stapften zum Strand, der sich als ziemlich laut erwies, was an Brandung und Möwen lag. Ikone wölbte die Hände vor dem Mund und stimmte einen weithin hallenden Ruf an. Eine Zeit lang geschah nichts, und dann rührte sich etwas im Meer.

Das Wasser brodelte plötzlich, und mit einem Schnauben, das die Möwen zum Schweigen brachte, tauchte ein trauriger großer Kopf auf. Er war blau, mit Schuppen bedeckt und trug eine schief sitzende Krone aus grünem Tang.

Ikone hob erneut die Hände zum Mund und rief: »Diese Steintrolle suchen ihren Feueropal. Hast du ihn gesehen?«

Der Meerestroll nickte.

»Los mit euch!«, zischte Ikone. »Er redet nicht viel, ist im Innersten aber ein guter Kerl.«

Die Trolle bedankten sich bei Ikone und wankten ungelenk durch die Brandung, bis ihre Köpfe im Wasser verschwanden. Man könnte glauben, im Meer sei es still, aber in Wirklichkeit geht es dort sehr laut zu. Tyran und seine Gefährten hörten das Donnern der Brandung und das Läuten von Glocken weit entfernter überfluteter Kirchen. Hinzu kamen das Rauschen des Wassers über Felsen und die Stimmen der Fische.

Der Meerestroll schwamm langsam auf sie zu. »Kommt!«, donnerte er. Luftblasen stiegen auf.

»Es ist verdammt kalt«, klagte Ogbuff und fröstelte. »Und nass«, fügte er hinzu.

»Mir tun die Füße weh«, stöhnte der Wächter.

»Nicht weit«, beruhigte sie der Meerestroll.

Er führte sie an versunkenen Schiffen und glotzäugigen Fischen vorbei, während das Wasser ringsum immer grüner wurde. Schließlich hielt er an einem tiefen Spalt im Meeresgrund inne.

»Dort hinab«, blubberte er, blinzelte bedächtig und wollte fortschwimmen.

»Warte!«, rief Prinz Tyran, aber der Meerestroll war bereits verschwunden.

»Dort unten ist es finster«, sagte der Wächter voller Misstrauen.

»Sehr gefährlich«, kommentierte Ogbuff. »Wahrscheinlich lauern dort Kraken. Und Haie nicht zu vergessen.«

»Feiglinge!« Tyran sprang in den Spalt. Er sank ziemlich lange, vorbei an Fischen mit Lichtern an den Mäulern und leuchtenden Zähnen, bis er schließlich auf einem runden Felsen landete. Er tastete im Dunkeln umher, hörte ein *Klicken*, und blaues Glühen erschien in der Dunkelheit.

Es stammte vom Feueropal!

Prinz Tyran stand auf einer der Riesenaustern, die in der dunklen Tiefe lebten, und sie hatte den Opal verschluckt. Er erkannte sie in der geöffneten Schale neben einer großen Perle.

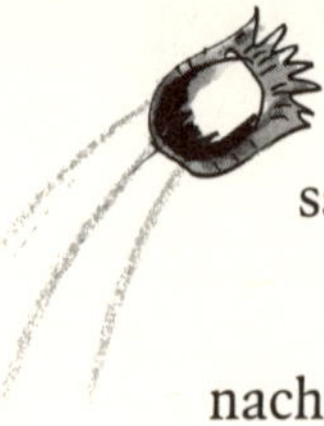

Ogbuff und der Wächter schwebten langsam aus der Dunkelheit ins Glühen des Opals.

»Wir dachten, wir folgen dir besser und sehen nach, ob du von hungrigen Haien gefressen wirst«, erklärte Ogbuff.

»Seht euch das an!«, rief Tyran. Die Trolle standen vor der Auster und starrten. Der Edelstein im Innern der Schale leuchtete mit einer Pracht, die die Schönheit des Meeres widerzuspiegeln schien. Die Perle daneben wirkte fast unscheinbar.

»Ich glaube, der Opal versucht noch immer, zur Mitte der Erde zurückzukehren ...«, begann Ogbuff, aber Tyran hörte nicht zu.

Vorsichtig streckte er die Hand in die Auster und griff nach dem Opal. Doch dabei stieß er die Perle an, und die Muschel schnappte zu. Der Opal glitt fort und rollte hinter einige Felsen. Tyrans Arm war in der Auster eingeklemmt, aber die Haut eines Steintrolls ist sehr hart und widerstandsfähig, und nachdem er einige Male auf die große Muschel geklopft hatte, gab sie den Arm frei. Immerhin hatte er nicht versucht, die Perle zu stehlen. Der Groll der Auster hielt sich also in Grenzen.

Unterdessen war Ogbuff dem Opal hinter die Felsen gefolgt und entdeckte einen nach unten führenden Höhlenzugang.

»Mir tun wirklich die Füße weh«, jammerte der Wächter.

Der Feueropal rollte weiter durch eine Höhle nach der anderen, und die drei Trolle blieben ihm dicht auf den sprichwörtlichen Fersen. Sie liefen durch große Tunnel, sprangen über Lavaströme hinweg, eilten durch Höhlen mit glitzernden Diamanten und Smaragden … und die ganze Zeit über blieb der Feueropal außer Reichweite, rollte und fiel der Mitte der Erde entgegen.

Ogbuff lief keuchend hinter den beiden anderen Trollen her, als sie plötzlich verschwanden. Er reagierte nicht rechtzeitig genug und stürzte ebenfalls über den Rand eines tiefen schwarzen Loches.

Er landete in einem Fluss aus geschmolzenem Gestein – davon gibt es umso mehr, je näher man der Erdmitte kommt. Aber Trolle sind so gut wie unzerstörbar, und Ogbuff schwamm wie in warmer Melasse. Vor sich sah er Prinz Tyran und den Wächter in einer unterirdischen Landschaft aus kochendem Schlamm und Dampf. Es war angenehm warm.

Dies muss der Ort sein, von dem wir Trolle ur-

sprünglich stammen, dachte Tyran. Gar nicht so übel. Flüssiges Metall bildete große Pfützen und blubberte ringsum, während er sich gemächlich treiben ließ.

Nach einer Weile hörten die Trolle quietschende Geräusche in der Ferne. Sie blickten auf und sahen dies:

Sie schwammen im Innern einer großen runden Höhle. Die Mitte der Erde schien eine Art hohle Kugel zu sein, und sie befanden sich an einer der Wände.

Im Zentrum der hohlen Kugel saß ein großes Wesen und drehte eine Kurbel. In der Nähe der Kurbel gab es zahlreiche Zahnräder, und eine lange dicke Achse verschwand im Boden. Sie drehte sich langsam auf einem großen Kugellager, doch bei dem Kugellager handelte es sich um den Feueropal, der in hellblauem Licht erstrahlte.

»Gehört das euch?«, fragte das Wesen, das die Kurbel drehte. Es musterte die Trolle durch Dampf und Dunst.

»Äh, ja«, sagte Tyran.

»Ihr seid Trolle, nicht wahr? Es waren Trolle, die das Kugellager fortbrachten. Ist viele Jahrhunderte her. Sie kamen hierher, warfen einen Blick auf das Ding und schnappten es sich.« Das Geschöpf deutete auf den

Feueropal, der jetzt alle Farben des Regenbogens zeigte. »Wisst ihr, es ist sehr schwer, die Welt ohne das Kugellager zu drehen. Sie quietscht und zittert und muss geölt werden.«

»Wie lange drehst du die Kurbel schon?«, fragte der Wächter atemlos.

»Es ist eine Familientradition. Ich bin Gravendersop der Eintausendfünfundvierzigste.«

»Der Feueropal ist jahrhundertelang das Kronjuwel in unserer Krone gewesen«, sagte Tyran. »Ohne ihn sind wir verloren.«

»Wir haben einen langen Weg hinter uns«, meinte Ogbuff. »Vom hohen Berg Weißhelm bis hierher sind wir dem Opal gefolgt.«

»Was nicht ohne Folgen für unsere Füße blieb«, fügte der Wächter hinzu.

»Nun, vielleicht könnten wir eine Übereinkunft erzielen«, schlug Gravendersop der Eintausendfünfundvierzigste vor.

»Wir wären bereit, dir für den Opal … äh … eine Tonne Gold zu geben«, sagte der Prinz.

Gravendersop der Eintausendfünfundvierzigste drehte mit einer Hand die Kurbel und rieb sich mit der

anderen die Nase. »Hier im Zentrum der Erde gibt's jede Menge Gold«, erwiderte er schließlich. »Aber näher an der Oberfläche ist die Qualität besser. Dort glänzt das Gold mehr.«

»Was hältst du von Diamanten und Smaragden?«, fragte der Wächter.

»Nein, danke. Die wachsen hier unten wie Unkraut.«

Die Trolle steckten die Köpfe zusammen und berieten sich leise.

»Also, was verlangst du für den Opal?«, fragte Tyran nach einer Weile.

»Ich drehe die Welt seit dem Tod meines Vaters Gravendersop des Eintausendvierundvierzigsten«, sagte Gravendersop. »Ich gebe euch den Opal, wenn ihr das Drehen für fünf Minuten übernehmt, damit ich eine Pause machen und dann einen geeigneten Felsen als Ersatz suchen kann.«

Die Trolle erklärten sich einverstanden und kletterten durch die Apparatur zur Kurbel. Alle drei waren für das Drehen der Kurbel nötig, während Gravendersop neben ihnen Platz nahm und sich eine Pfeife anzündete.

»Puh, das ist harte Arbeit«, schnaufte Ogbuff.

»Nicht langsamer werden!«, warnte Gravendersop. »Wenn ihr langsamer werdet, hält die Welt an, und dann gibt es Erdbeben und Springfluten, und alle Bewohner werden ins All geschleudert.«

»Die fünf Minuten sind fast um«, japste Tyran Ogg.

»Wisst ihr«, meinte Gravendersop, »ich glaube, ich möchte nicht noch einmal damit beginnen, die Welt zu drehen, und ich habe auch keine große Lust, nach einem Stein zu suchen, der sich als Kugellager eignet. Ich glaube, ich mache erst mal Urlaub ...«

»He, komm zurück!«, riefen die Trolle, als er weg-ging. Gravendersop hatte sie hereingelegt!

Für einen Moment ließen sie die Kurbel los ...

Und die Welt hielt an.

Es machte *Klick!* in der Maschinerie, der Feueropal sprang heraus, und ein jäher Windstoß wirbelte die Trolle fort. Sie konnten sich nicht dagegen wehren.

Sie hörten, wie Gravendersop nach ihnen rief, als sie an ihm vorbeirollten. Der Wind schleuderte sie durch lange Tunnel, und sie wurden immer schneller und drehten sich im Tosen des Sturmes, bis sie schließlich wie lebende Geschosse aus dem Boden kamen.

In der Ferne sahen sie den Berg Weißhelm, doch erstaunlicherweise bewegte er sich. Alles löste sich von der Oberfläche der Erde, deren Drehung plötzlich aufgehört hatte – mit lautem Donnern stieg der Berg wie eine Rakete auf. Auch für die Trolle begann eine Reise nach oben, durch die Wolken und weg von der Erde.

Tyran Ogg hatte das Gefühl, schon seit Tagen durchs All zu fliegen, als er schließlich kopfüber in einem Haufen Unrat landete. Er spuckte Dreck und richtete sich auf.

Vor ihm lag das breite Tal voller Asche und voller Krater. In der Ferne zeigte sich die Zackenlinie eines Berges, und darüber, an einem Himmel voller Sterne, hing die Erde.

Tyran war auf dem Mond! Sein Traum war endlich in Erfüllung gegangen.

Einen Moment später landete der Berg mit einem dumpfen Krachen und verstreute überall Trolle. Der Feueropal fiel zwischen mehrere Felsen.

Natürlich wurde keiner der Trolle verletzt, denn sie waren ja fast unzerstörbar. Auf dem Mond gibt es weder Wasser noch Luft, aber das störte die Trolle nicht weiter, denn sie atmeten nur, wenn ihnen der Sinn danach stand. Als Erstes setzten sie den Feueropal wieder in Tyran Oggs Krone ein und ernannten ihn zum König des Mondes, der sich mit seinen vielen Felsen als wahres Paradies für Trolle erwies.

Sie fanden nie heraus, was mit Gravendersop dem Eintausendfünfundvierzigsten geschehen war, aber da sich die Welt noch immer dreht, scheint er wieder an der Kurbel zu sitzen.

Vielleicht sitzt dort jetzt aber auch Gravendersop der Eintausendsechsundvierzigste …

Lord Kuchen und der Kampf um Banwens Bake

Sie haben bereits von Llandanffwnfafegettupagogo gehört, der kleinen Grenzstadt im Wilden Westen von England, die im Kohleboom des Jahres 1881 Berühmtheit erlangte.

Der Ort wurde zu einer blühenden Stadt, mit wilden Glücksspielpartys und Gelagen im Hotel *Temperanz*, manchmal bis um nach neun Uhr abends. Es gab auch Schafrodeos, und jeden Tag brachen Wagenzüge auf, die wilde, nasse Berge überquerten und die fruchtbaren Täler von Aberystwyth und Fischwache besiedelten.

Aber die vollständige Geschichte des Kohlebooms wurde nie erzählt. Bisher …

Es war ein wilder, grauer walisischer Tag, als wilde Schreie den Frieden der alten Kneipe störten. »Kohle! Kohle! Es ist Kohle, seht nur!«

Alle eilten zum Fenster. Ein zotteliges großes Zugpferd galoppierte über die Straße, auf dem Rücken ein kleiner Mann, von Kopf bis Fuß mit Kohlestaub bedeckt. In einer Hand hielt er einen großen Kohlebrocken.

Als er das Prüfungsamt erreichte, folgte ihm bereits die halbe Stadt. Ein Prüfungsamt bietet Goldschürfern die Möglichkeit, ihre Funde daraufhin untersuchen zu lassen, ob sie wirklich Gold enthalten und wie viel es wert ist. Dieses besondere Prüfungsamt kümmerte sich nicht um Gold, sondern um Kohle.

»Reiner Anthrazit«, erklärte der Mann im Amt. »Mit einem Wert von zwei Pfund pro Tonne.* Wo haben Sie ihn gefunden?«

»Oben bei Banwens Bake«, sagte der kleine Kohlesucher. »Ich möchte meinen Claim registrieren lassen. Mein Name ist Rupert Pullover.«

* Das war *viel* Geld. Ein typischer Arbeiter verdiente in jener Zeit etwa 30 £ im Jahr.

Anthrazit! Die Nachricht verbreitete sich wie ein Lauffeuer in der Stadt, und es dauerte nicht lange, bis Hinz und Kunz Esel mit Spitzhacken, Schaufeln und warmer Unterwäsche* beluden.

Banwens Bake war ein großer kahler Berg am Rand des Ortes. Ein breites Kohleflöz reichte dort fast bis an die Oberfläche – Rupert Pullover hatte einfach nur durch die Grasnarbe graben müssen, um es zu erreichen.

Schon nach kurzer Zeit kamen alle Arbeiten in der Stadt zum Erliegen. Von Banwens Bake erklang fleißiges Hämmern, und alle Schafe und Karren im Umkreis

* Um auf alles vorbereitet zu sein.

von vielen Meilen wurden für den Transport von Kohle verwendet.

Alles wäre in bester Ordnung gewesen, hätte nicht ein großer Mann mit eindrucksvollem Zylinderhut beschlossen, den Berg zu erklimmen. Er rief den Schürfern zu, sie sollten mit der Arbeit aufhören.

»Als Sekretär der Kreisverwaltung muss ich Ihnen mitteilen, dass Sie sich alle des unerlaubten Betretens schuldig gemacht haben«, verkündete er.

»Dies ist Gemeindeland«, erwiderte Rupert Pullover. »Es gehört niemandem!«

»Nach den Unterlagen, die heute Morgen unserem Büro vorgelegt wurden, gehört das Land einem gewissen Lord Kuchen«, sagte der Sekretär. »Sie sollten sein Land schleunigst verlassen, wenn Sie nicht morgen vor Gericht gestellt werden wollen.«

Lord Kuchen gehörte eine Schaffarm nicht weit von Llandanffwnfafegettupagogo. Er war ein weithin bekannter Betrüger und ganz allgemein eine Nervensäge.

»Wie kann dieses Land Lord Kuchen gehören?«, fragte Dai Taten,* der Lebensmittelhändler des Ortes,

* Zufälligerweise Tommy Tatens Urgroßvater.

jetzt ebenso Kohleschürfer wie alle anderen Bewohner von Llandanffwnfafegettupagogo. »Seit Jahrhunderten gehört es niemandem, Junge.«

»Es ist alles legal«, sagte der Sekretär und eilte davon, bevor Gegenstände nach ihm geworfen wurden.

Rupert Pullover, Dai Taten und die anderen Schürfer kehrten in die Stadt zurück.

»Es stimmt«, sagte der Mann im Prüfungsamt. »Heute Morgen, kurz nachdem die ganze Sache mit der Kohle losging, kam einer von Lord Kuchens Männern und brachte die Urkunden der Bakeberge. Daraus geht hervor, dass Lord Kuchen Eigentümer von Banwens Bake ist. Wenn Sie dort Kohle abbauen, könnten Sie im Gefängnis landen.«

»Banwens Bake gehört niemandem, Junge«, widersprach Dai Taten.

»In den Dokumenten wird Lord Kuchen als Eigentümer genannt.«

»Das ist eine verdammte Gaunerei«, sagte Rupert Pullover, als sie wieder draußen waren.

In diesem Moment schwang die Tür der Kneipe auf, und heraus kamen Lord Kuchen und seine Büttel. Er ähnelte einem großen Pudding und hatte ein kirschro-

tes Gesicht. Beim Gehen schwankte er wie jemand, der jeden Augenblick umfallen konnte.

»Ich habe Sie gehört, Pullover«, brummte er. »Es ist höchste Zeit, dass euch kleinen Kohlesuchern eine Lektion erteilt wird. Ich werde die Great-Western-Eisenbahn zur Stadt bringen, um die Kohle abzutransportieren, und ihr könnt mich nicht daran hindern. Hahahahaha.«*

»Sie wissen, dass Banwens Bake nicht wirklich Ihnen gehört«, sagte Rupert.

»Ich sag Ihnen was«, erklärte Lord Kuchen. »Wenn Sie beweisen können, dass Banwens Bake nicht mir gehört, dann dürfen Sie dort Kohle abbauen, in Ordnung?«

Mit einem weiteren hässlichen Lachen watschelte er die Straße hinunter.

»In der Bank gibt es eine alte Karte«, flüsterte Dai. »Aus ihr geht hervor, dass Banwens Bake uns gehört!«

Aber als sie die Bank erreichten, wartete dort Lord Kuchen auf sie.

* Lord Kuchen hatte ein besonders scheußliches Lachen. Wer ihn lachen hörte, bekam Zahnschmerzen.

»Sieh mal einer an«, sagte er. »Wenn Sie eine bestimmte Karte suchen, so muss ich Ihnen mitteilen, dass sie im Tresor liegt. Und da ich gerade die Bank gekauft habe ...« Er grinste scheußlich.

An jenem Abend trafen sich die Schürfer in der Kneipe. Es war ein typischer Saloon des Wilden Westens, mit Leuten, die um viel Geld Domino und Darts spielten. Ein Klavierspieler brachte fröhliche Lieder zum Erklingen.*

»Wir sind uns also einig«, sagte Rupert. »Um an die Karte zu kommen, rauben wir morgen die Bank aus.«

»Können wir uns auch ein bisschen Geld schnappen?«, fragte Dai.

»Nur die Karte.«

»Wirklich eine Schande, eine so gute Gelegenheit verstreichen zu lassen«, kommentierte Dai.

»Wisst ihr alle, was ihr zu tun habt?«, fragte Rupert. »Der Einarmige Evans und Morgan Schwarzauge lenken Wachtmeister Hodgkins ab, während Dai und ich die Bank überfallen. Tom wartet draußen mit den

* In der Art von »Baa baa Schaf, hast du Wolle für mich?«

Fluchträdern.« Er musterte seine Komplizen der Reihe nach und fügte hinzu: »Wir bekommen nur eine Chance, und deshalb muss alles klappen! Wenn's schiefläuft, kriegt Lord Kuchen unsere Kohle.«

Der nächste Tag brach an, und die Männer machten sich daran, Rupert Pullovers Plan in die Tat umzusetzen: Um die Karte zu bekommen, sollte die Bank von Llandanffwnfafegettupagogo überfallen werden.

Rupert und Dai Taten warteten vor der Bank, bis sie öffnete. Mit getüpfelten Taschentüchern vor den Gesichtern und Pistolen aus dem Spielzeugladen stürmten sie das Gebäude.

»Hände hoch, Kumpel!«, sagte Dai und richtete seine Pistole auf den Direktor.

»Wie bitte?«

Rupert Pullover kam sich ein bisschen dumm vor. »Nehmen Sie die Hände wieder runter und öffnen Sie den Safe!«, verlangte er. »Ihr Geld wollen wir nicht, nur die Karte.«

»Lord Kuchen hat mir aufgetragen, die Karte nicht aus den Augen zu lassen«, erwiderte der Direktor.

»Wir durchlöchern dich, wenn du nicht spurst, Junge«, sagte Dai, dem die ganze Sache immer mehr Spaß machte.

Rupert nahm die Schlüssel des Direktors und machte sich ans Öffnen des Safes. Inzwischen sprach sich im Ort die Sache mit dem Banküberfall schnell herum, und als Wachtmeister Hodgkins davon erfuhr, schwang er sich sofort auf sein Rad und wollte losfahren.

Allerdings musste er feststellen, dass ihm jemand die Luft aus den Reifen gelassen hatte. Was natürlich zum Plan gehörte.

Er machte sich zu Fuß auf den Weg und erreichte wie eine Dampflok schnaufend die Bank, als Rupert und Dai mit den Fluchträdern das Weite suchten.

Lord Kuchen hatte ebenfalls mitbekommen, dass etwas nicht mit rechten Dingen zuging, und wusste, dass dies nur eins bedeuten konnte. Er und seine Leute verloren keine Zeit und holten ihre Räder – es begann eine wilde Verfolgungsjagd.

»Wir nehmen eine Abkürzung und fangen sie bei der Bibliothek ab!«, knurrte Lord Kuchen.

Rupert und Dai traten noch fester in die Pedale, aber Kuchen und seine Schergen schlossen zu ihnen auf.

Hinauf nach Banwens Bake ging es, und dann zurück zur Hauptstraße und zum Prüfungsamt.

»Hier ist die Karte«, keuchte Rupert und warf sie über den Tresen. »Sie beweist, dass Banwens Bake niemandem gehört.«

»Der Berg gehört der Gemeinde, uns allen«, fügte Dai schwer atmend hinzu.

Lord Kuchen kam angewatschelt, ebenfalls außer Atem, doch mehrere Schürfer eilten herbei und hielten ihn fest. Dann traf Wachtmeister Hodgkins ein.

»Sie haben heute nicht zufälligerweise eine Bank überfallen?«, fragte er und richtete einen argwöhnischen Blick auf Rupert.

»Natürlich nicht. Wirklich nicht. Ein Maskierter hat dies von seinem Fahrrad fallen gelassen«, sagte Rupert, der seine Maske, das getüpfelte Taschentuch, eingesteckt hatte. »Aber verhaften Sie diesen Mann wegen Fälschung und widerrechtlicher Claim-Aneignung. Und weil er ein Fahrrad ohne Klingel gefahren hat, wenn ich es mir recht überlege.«

Die Schürfer konnten zu ihren jeweiligen Claims auf Banwens Bake zurückkehren und wieder Kohle abbauen.

Und damit begann der Kohleboom von Llandanffwnfafegettupagogo.

Der zeitreisende Fernseher

Seltsame Dinge geschahen in Blackbury. Dinge wie …

Eines Freitagmorgens vor einigen Jahren kam ein Mann mit gelber Jacke und Schutzhelm zu Professor Miriam Oxford, der Direktorin des Museums von Blackbury.

»Guten Morgen«, sagte er. »Ich heiße Fred Robertson und bin Vorarbeiter im Steinbruch von Even Moor. Wir dachten, dass Sie sich dies hier ansehen sollten.«

Er öffnete die Tasche, die er mitgebracht hatte, und legte ein großes Fossil auf den Schreibtisch der Direktorin. (Es war eins von den bogenförmigen Fossilien, wie ein Schneckenhaus.)

»Was für ein prächtiges Exemplar!«, entfuhr es Direktorin Oxford.

»Ja, aber hören Sie es sich mal an!«, sagte Fred.

»Ich soll es mir *anhören*? Oh, Sie meinen wie bei den Muscheln, die wir als Kinder ans Ohr gehalten haben? Ach, das ist eigentlich nur ein Haufen Unsinn.«

Aber Professor Oxford hörte sich das Fossil dennoch an. Wenn man eine Muschel ans Ohr hält, hört man das Rauschen des Meeres, wie Sie wissen. Beim Fossil einer Muschel hört man das Meer, wie es vor Millionen von Jahren beschaffen war, als die Wellen seltsame ferne Küsten erreichten. Die Professorin hörte das alte Meer, das Knurren und Zischen von Reptilien am Strand und die Schreie von Geschöpfen, die gewiss keine Möwen sein konnten.

»Lauschen Sie nur weiter!«, sagte Fred. »Das wirklich Interessante kommt erst noch.«

Die Professorin lauschte mit offenem Mund. Über dem Donnern der Brandung hörte sie eine Stimme, die »Has Anyone Here Seen Kelly?« sang.*

Sie begann mitzusingen:

* Ein altes Lied über eine Frau von der Isle of Man, die ihren Freund sucht.

»He's as bad als old Antonio,
Left me only my own-ee-o,
Has anybody here seen Kelly,
*Kelly from the Isle . . .«**

Die Professorin unterbrach sich, als ihr einfiel, dass sie eigentlich nicht besonders gut singen konnte.**

»Wir waren ebenfalls ziemlich baff«, erklärte Fred. »Manchmal singt er, und bei anderen Gelegenheiten pfeift er. Und wir haben noch mehr entdeckt. Sehen Sie hier!« Er holte eine versteinerte Sonnenbrille hervor und dann auch eine versteinerte Ausgabe der *Blackbury and West Gritshire Gazette*, mit dem Datum vom letzten Montag. Die Zeitung war hart wie eine Schieferplatte, aber die Schrift ließ sich noch lesen.

»Beides lag bei der Muschelschale«, erläuterte Fred.

»Ich hätte nie gedacht . . .«, begann die Professorin.

Draußen ging es plötzlich ziemlich laut zu – ein prä-

* Er ist so schlimm wie der alte Antonio,
Hat mich ganz alleingelassen,
Hat jemand von euch Kelly gesehen,
Kelly von der Isle of . . .

** Stimmt. Sie konnte den Ton nicht mal mit der Kneifzange halten.

historisches Ungeheuer stapfte über die Hauptstraße von Blackbury! Es war leicht durchsichtig und marschierte durch Gegenstände, ohne sie zu beschädigen, was allerdings kein großer Trost war. Nach einigen Momenten löste sich das Geschöpf halb auf und verschwand dann ganz.

»Hm, ein Triceratops«, sagte die Professorin. »Ein harmloser Herbivore. Frisst nur Pflanzen, meine ich. Was ist hier los?«

Nach dem ersten Tag passierten einige sehr seltsame Dinge in Blackbury. So gab es zum Beispiel jede Menge statische Elektrizität. Sie verletzte niemanden, doch alles in der Stadt summte und knisterte wie bei einem Gewitter. Mehrmals wanderten prähistorische Wesen umher wie große Geister, als wäre der Ort gar nicht für sie da.

Dann und wann klang die Stimme aus der versteinerten Muschel auf Professor Oxfords Schreibtisch – jemand sang »Has Anybody Here Seen Kelly?« an uralten fernen Gestaden.

Die Professorin beraumte eine Sondersitzung ein.

»Es gibt keinen Zweifel«, sagte sie. »Die versteinerte Zeitung, die bei der Muschel gefunden wurde, beweist es. Jemand ist Millionen von Jahren in die Vergangenheit gereist, dorthin, wo sich heute der Steinbruch befindet. Sie haben noch weitere Fossilien gefunden, nicht wahr?«

»Ja«, bestätigte der Vorarbeiter Fred Robertson. »Gestern fanden wir einen versteinerten Liegestuhl. Der Zeitreisende muss ihn zurückgelassen haben. Aber die seltsamste Sache befindet sich noch vor Ort. Sie sollten es sich selbst ansehen.«

Sie machten sich auf den Weg zum Steinbruch im mysteriösen Even Moor – und sahen dort die Küste.

Vor vielen Jahrmillionen erstreckte sich ein seichtes Meer über dem größten Teil des heutigen South Gritshire. Die Küste hatte Even Moor erreicht und war

dort versteinert. Es geschah recht oft, dass Arbeiter dort Dinosaurierspuren fanden. Doch Fred deutete auf einen Abdruck, der nicht von einem Dinosaurierfuß stammte, sondern eindeutig von einem linken Gummistiefel.

»Damit wäre alles klar«, sagte Miriam Oxford. »Jemand aus unserer Epoche hat eine Möglichkeit zur Zeitreise gefunden. Man stelle sich nur die Möglichkeiten für die Wissenschaft vor! Wir müssen den Zeitreisenden finden!« Sie blickte sich um. Es gab nur ein Haus in der Nähe des Steinbruches.

»Das gehört dem alten Bill Posters«, sagte Fred. »Er ist Rentner. Kann mir kaum vorstellen, dass er etwas mit der Angelegenheit zu tun hat. Er sammelt Schmetterlinge, müssen Sie wissen.«

»Pscht!«, zischte die Professorin.

Vom Haus kamen die Geräusche von jemandem, der eine vertraute Melodie pfiff: »Has Anybody Here Seen Kelly?«

»Das ist er!«, rief die Professorin, lief zum Haus, einem einfachen Cottage, und hämmerte an die Tür. Sofort stand ihr das Haar zu Berge, und blaue Funken stoben von den Fingerspitzen.

Dann stellte sie fest, dass die Tür gar nicht verschlossen war. Drinnen war das Cottage dunkel, ziemlich staubig und voller Ziergegenstände. Ein altertümlicher Fernseher stand in der Ecke und zeigte ein verschwommenes Bild, als wäre er nicht ganz richtig auf den Sender eingestellt. Die Reste eines Frühstücks – ein gekochtes Ei – standen auf dem Tisch, und eine weiße Katze döste vor dem Kaminfeuer.

Professor Oxford eilte durchs Haus, doch es war niemand da. Dann hörten sie erneut die Melodie, die diesmal von der Hintertür zu kommen schien. Miriam Oxford öffnete die klemmende Tür – und trat in strahlenden Sonnenschein.

Sie stand auf einem Strand aus orangefarbenem Sand.

Träge, schlammige Wellen brachen sich am Strand, und die Sonne am Himmel wirkte weißer und etwas größer als sonst. In der Ferne zeigten sich graue Klippen, und nicht weit von der Küste entfernt glitt ein großes Geschöpf mit langen Flossen durchs Meer.

Die Professorin hatte noch immer die Hand an der Klinke. Rasch trat sie zurück, warf die Tür zu und lehnte sich dagegen.

»Darüber muss ich in aller Ruhe nachdenken«, sagte sie zu sich selbst. »Hier haben wir eine Küche. Sie ist muffig und ziemlich dunkel. Wir sind im einundzwanzigsten Jahrhundert und einundzwanzig Meilen vom Meer entfernt.«

Sie öffnete die Tür einen Spaltbreit. Wo die grauen Felder von Even Moor sein sollten, rollten die Wellen eines weiten Meeres.

»Das sieht ganz so aus wie vor einigen Millionen Jahren«, befand Professor Oxford staunend.

»Heda! Hallo!«, rief ein Mann, der durchs seichte Wasser watete. Er hatte die Hosenbeine bis zu den Knien hochgekrempelt, trug ein Taschentuch auf dem Kopf und hielt einen Schmetterlingskäscher in der Hand.

Miriam Oxford trat erneut durch die Tür auf den Sand. Der Mann mit dem Schmetterlingskäscher näherte sich und schüttelte ihr die Hand.

»Na so was«, sagte er. »Sie sind seit Tagen die erste Person, die ich sehe.«

»Sie müssen Bill Posters sein«, erwiderte die Professorin.

»Genau der«, bestätigte der Mann. »Hier gibt es gelbe Schmetterlinge mit einer Flügelspannweite von fast einem Meter! Erstaunlich, nicht wahr?«

Sie schritten über den Strand, und die Professorin betrachtete Eidechsen und Muscheln. Schließlich sagte sie: »Dies ist der Beweis. Durch Ihre Hintertür gelangt man irgendwie auf einen Strand Hunderte von Jahrmillionen in der Vergangenheit. In dieser Ära hat es vermutlich noch gar keine Dinosaurier gegeben.«

»Bemerkenswert«, bestätigte Bill Posters. »Wissen Sie, mir kam's schon ein bisschen komisch vor. Zuerst dachte ich an eine Insel in der Südsee.«

Eine große blaugrüne Libelle flog vorbei.

»Ich glaube, mein alter Fernseher steckt dahinter«, vermutete Bill. »Haben Sie ihn im Haus gesehen? Letzte Woche habe ich ein Brutzeln aus seinem Innern gehört, und wenn ich ihn seitdem einschalte, kriege ich das hier, sobald ich die Hintertür öffne.« Er deutete auf das Meer, den Strand und den gelben Himmel.

Ein kleiner blauer Käfer lief über den Sand. Die Sonne war sehr heiß.

»Natürlich sitzen wir hier fest, wenn jemand den Fernseher ausschaltet, während wir hier sind«, fügte Bill Posters im Plauderton hinzu.

Sie blickten zu den unscharfen

Umrissen des Cottage zurück. Auf der Suche nach der Professorin betraten gerade einige besorgte Männer vom Steinbruch das Haus, und einer von ihnen schaltete den Fernseher mit dem verschwommenen Bild aus.

»Oh«, machte Bill Posters.

Zuerst war es gar nicht so übel. Sie trockneten Algen und Farnblätter, entzündeten ein Feuer und sammelten Muscheln für einen Fischeintopf, der sich sogar als recht schmackhaft erwies. Die Sonne ging unter, und Sterne erschienen am Himmel. Sie waren viel heller als die heutigen Sterne und bildeten ganz andere Muster. Bill sang wieder sein Lieblingslied, und anschließend schlummerten sie friedlich.

Am nächsten Morgen hielten sie es für angebracht, die Umgebung zu erforschen, für den Fall, dass es gefährliche Tiere in der Nähe gab. Die große junge Sonne brannte vom Himmel, als sie über den Strand wanderten, und geflügelte Echsenwesen schwirrten umher. Alles wirkte sehr frisch und neu. Draußen im Ozean schnaubten und platschten sonderbare Meereswesen.

»Dies wäre genau der richtige Ort für einen angenehmen Lebensabend«, sagte Bill Posters.

Die Professorin brummte nur. Sie war mehr daran interessiert, ihre Taschen mit Muscheln, Steinen und Pflanzenproben zu füllen, und dachte vor allem an die enorm interessanten wissenschaftlichen Projekte, mit denen sie bei einer Rückkehr zur Universität von Blackbury beginnen würde.

Gegen Mittag kletterten sie über mehrere Felsen am Ende der Bucht. Bill Posters wischte sich den Schweiß von der Stirn und sagte: »Jetzt könnte ich wirklich ein Glas Limonade vertragen.«

Und vor ihnen, dicht an der grauen Klippe, entdeckten sie einen reetgedeckten Pub. Rosen wuchsen neben der Tür. Auf dem Schild stand geschrieben: *Zum Hund und Dino.*

»Es ist die Sonne«, sagte Professor Oxford. »Wirkt sich auf den Kopf aus. Dies muss ein Hirngespinst sein.«

»Wie dem auch sei, ich genehmige mir jetzt das Hirngespinst einer eisgekühlten Limonade«, erwiderte Bill und ging schneller.

Im Innern des *Hund und Dino* war es kühl und schummrig. Ein kleiner Mann mit weißer Schürze putzte Gläser hinter der Theke.

»Guten Morgen«, sagte er freundlich. »Wieder ein schöner Tag. Natürlich sind die Tage hier immer schön. Von wann kommen Sie?«

Die Professorin und Bill Posters sahen nach draußen zum grauen Meer und der großen jungen Sonne.

»Äh … wie meinen Sie das, von *wann* wir kommen?«, fragte Miriam Oxford nach einer Weile.

»Wissen Sie das nicht?«, fragte der Barmann des *Hund und Dino*. »Wie kamen Sie hierher? Mithilfe eines defekten alten Fernsehers, nehme ich an. Oh, Sie sind nicht zufällig Bill Posters, oder?«

»Ja«, sagte Bill, der nicht mehr ganz mitkam.

Der Barmann lächelte und schüttelte seinen Gästen die Hand. Dann erklärte er: Bills Entdeckung, dass ein defekter alter Fernseher Zeitreisen ermöglichen konnte, war weltberühmt geworden. Und als die Tür für Reisen durch die Zeit erst einmal aufgestoßen worden war, wollten es *alle* einmal damit versuchen.

Er selbst stamme aus dem Jahr 2055, erzählte der Barmann, und in seiner Zeit reisten Millionen von Menschen durch die Epochen. Deshalb hatte er beschlossen, im Zeitalter des Karbon einen Pub zu eröffnen.

»Die meisten Leute verbringen ihren Urlaub im Jura«, fügte der Barmann hinzu. »Wegen der Dinosaurier, wissen Sie. Sehr interessant. Sehr populär.* Hier bekommen wir vor allem ältere Zeitreisende wie Sie. Weil es hier so friedlich ist. An diesen Gestaden wird während der nächsten eine Million Jahre nichts Aufregendes passieren.«

»Können Sie uns wieder nach Hause bringen?«, fragte die Professorin.

* Und manchmal fatal, denn Zeitreisen sind nicht ohne Risiko, und für einen hungrigen Tyrannosaurus ist ein unvorsichtiger Tourist ein willkommener Snack.

»Natürlich«, erwiderte der Barmann. »Aber kommen Sie bald wieder! Und bringen Sie Freunde mit!« Er betätigte eine Wählscheibe in einem Regal, es *zischte*, und in der Tür erschienen die vertrauten Konturen von Even Moor, grau und voller Heidekraut.

Sie traten durch die Tür, und für einen Moment waren sie allein. Dann erschien Bills Küche um sie herum.

Was als Nächstes geschah, musste geschehen. Es dauerte nicht lange, bis einige Wissenschaftler von Blackburys Universität Bills defekten alten Fernseher untersuchten und herausfinden wollten, wie die Sache mit den Zeitreisen funktionierte. Miriam Oxford begann mit zahlreichen neuen Forschungsprojekten.

Und Bill Posters?

Er verschwand unter mysteriösen Umständen und hinterließ eine knappe Mitteilung, die nur Professor Oxford zu deuten wusste. Sie lautete:

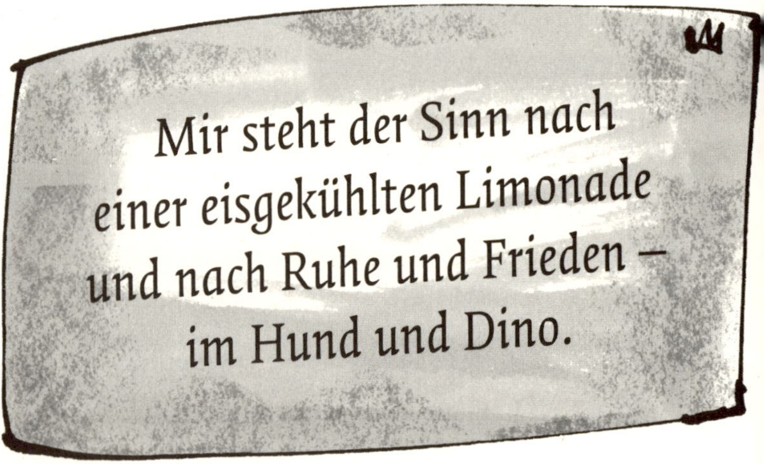

Die Parkstatuen von Blackbury

Früher wurde der Eingang des Parks von Blackbury (»Singen, Tanzen und Reiten verboten«) um sechs Uhr geschlossen und mit einem großen grünen Vorhängeschloss gesichert.

Drinnen war es dunkel und leer. Schatten lauerten zwischen den Rhododrendonsträuchern, glitten über das stille Wasser des Sees und hingen über den Blumenbeeten.

»Na los, weg mit dir, du großer Dussel!«

Die Stimme kam von einer Statue auf einem Sockel in einem Rhododendrondickicht am See. Eine Bronzetafel teilte mit, dass sie Lord Palmerston darstellte. Die Statue schlug mit einer marmornen Schriftrolle nach einer Taube.

»Weg mit dir! Hau ab! Du gehörst in eine Pastete!«

Die Statue sprang von ihrem Sockel und stapfte zum Ufer, wo sie die Stiefel auszog und mit einem erleichterten Seufzen die Füße im dunklen Wasser kühlte.

Überall im Park erwachten die anderen Statuen. Ein lautes Wiehern erklang, als General Sir George Balaklawa mit Pferd und allem Zubehör von seiner Säulenplatte sprang und über den Rasen trabte. Zwei marmorne Wassernymphen pflückten Blumen. Ein Löwe aus Granit erhob sich und schüttelte seine Mähne.

Bald war der Park voller Bewegung, und überall erklangen Stimmen. Mittendrin saß Lord Palmerston mit den Füßen im Wasser.

»Heute war sie ebenfalls nicht da, Leo«, sagte er, als sich der Löwe näherte. »Ich mache mir Sorgen. Inzwischen ist es fast eine Woche her.«

LORD
PALMERSTON
patron
and

»Seltsam«, knurrte der Löwe. »Selbst zu Weihnachten kommt sie hierher.«

»Wen meint ihr?«, fragte eine bronzene Nymphe, die auf der anderen Seite des Parks lebte.

»Missis Mince«, erklärte Lord Palmerston. »Die alte Dame, die morgens die Enten füttert. Sie kommt jeden Morgen in den Park, soweit ich mich zurückerinnern kann. Schon als kleines Mädchen besuchte sie uns. Damals gab es erst wenige von uns«, fügte er wehmütig hinzu.

»Sie traf sich hier mit dem jungen Mann, der im Krieg fiel«, sagte der Löwe. »Im ersten Krieg.«

»Dann heiratete sie den Burschen aus East Slate«, erinnerte sich Lord Palmerston.

Inzwischen hatte sich eine ganze Gruppe bei ihnen versammelt.

»Sie hat ihre Kinder mitgebracht, damit sie hier spielen konnten«, ergänzte General Sir George Balaklawa, dessen Säulenplatte einen guten Blick auf den Spielplatz der Kinder bot.

»Und ihre Enkel«, fügte Sir Harold Pincer hinzu.

»Sie muss inzwischen sehr, sehr alt sein«, befand Lord Palmerston und trocknete seine Füße mit der

Mähne des Löwen. »Ich hoffe, ihr ist nichts zugestoßen.«

»Weiß jemand, wo sie wohnt?«, fragte Sir George.

»Mafekind Terrace Nummer sieben«, sagte der Löwe. »Ich habe einmal gehört, wie sie jemandem die Adresse nannte.«

»Willst du vorschlagen, dass wir hingehen und nach dem Rechten sehen?«, fragte Lord Palmerston. »Das ist riskant. Und außerdem ... Sie war abertausendmal hier. Warten wir bis morgen. Vielleicht kehrt sie zurück.«

Den ganzen nächsten Tag warteten die Statuen auf Mrs. Mince. Sie standen still wie ... na ja ... wie Statuen und beobachteten die Besucher, doch die alte Dame befand sich nicht unter ihnen.

Kaum war das Tor für die Nacht geschlossen, sprang Lord Palmerston von seinem Sockel hinunter.

»Also gut«, sagte er. »Wer begleitet mich nach Mafeking Terrace?«

»Ich sollte mitkommen«, sagte der bronzene Sir George Balaklawa. »Ich habe ein Pferd.«

»Nimm mich mit!«, bat Lord Palmerston und ließ

sich von zwei Wassernymphen auf das metallene Pferd helfen. »Wie sollen wir den Park verlassen?«, fragte er, als der Ritt losging. »Das Tor ist geschlossen.«

Sir George antwortete nicht und trieb sein Pferd an. Es wurde schneller und hielt genau auf das Tor zu.

Es sprang und landete auf der anderen Seite. Seine Hufe schlugen Funken.

»Huuuiii!«, rief Sir George. »Seit der Schlacht von Balaklawa – in der ich erschossen wurde, wenn ich mich richtig erinnere – hatte ich nicht mehr solchen Spaß.«

Es gab keinen Verkehr, und das war auch gut so, denn sie ritten mitten auf der Straße.

»Du glaubst doch nicht, dass sie tot ist, oder?«, fragte Lord Palmerston nach einer Weile.

»Das wäre so weit in Ordnung. Dann bekäme sie eine Statue.«

»Dafür muss man berühmt oder dekorativ sein, und ich glaube, sie ist weder das eine noch das andere.«

Sir George zügelte sein Pferd bei einem Polizisten. »Wir möchten nach Mafeking Terrace, Officer«, sagte er. »Könnten Sie uns vielleicht den Weg weisen?«

»Die Straße hinunter und die zweite Abzweigung nach links«, sagte der Polizist. »Das ist ein prächtiges Pferd.«

»Quietscht ein bisschen«, erwiderte Sir George. Sie ritten weiter.

Kurz darauf fanden sie Mafeking Terrace, und Lord Palmerston klopfte an Nummer sieben. Da er mehr als zwei Meter groß war und aus Marmor bestand, machte er ziemlich viel Lärm, aber niemand öffnete.

Das Fenster von Nummer neun schwang auf.

»Wenn Sie Missis Mince suchen ... Sie verstarb am letzten Samstag«, sagte der Nachbar. »Äh, wer sind Sie überhaupt?«

Aber Sir George und Lord Palmerston galoppierten bereits durch die dunklen Straßen von Blackbury.

Schließlich erreichten sie den Friedhof und sprangen über das Tor.

»Er ist immer hier«, sagte Lord Palmerston und blickte sich um. »Hab ihn seit Jahren nicht mehr besucht, aber ... Ah, da ist er.«

Er meinte jemanden, der aus weißem Marmor bestand, einen Engel in der Familiengruft der Lords von Gritshire. Die meisten Statuen waren Engel oder Put-

the
Lords of
Gritshire.

ten, was den an die Vielfalt des Parks gewöhnten Lord Palmerston leicht verlegen stimmte.*

»Guten Abend, Pietro«, sagte er zu dem Engel, den er gesucht hatte. Er nahm den Hut ab.

Der Engel nickte und lächelte. »Lange nicht gesehen«, sagte er, ohne etwas abzunehmen, weil er gar nichts trug, das sich abnehmen ließ.

»Äh ... nun ja, im Park hatten wir immer viel zu tun«, sagte Lord Palmerston. »Äh ... hast du zufälligerweise eine gewisse Missis Mince hergebracht?«

»Ja, Parzelle zweiunddreißig in Reihe vierzig«, antwortete der Engel. »Eine liebe alte Seele.«

»Wir haben uns Sorgen gemacht, weil sie nicht mehr in den Park kam«, sagte Sir George. »Gibt es vielleicht eine Möglichkeit, sie als Statue wiederauferstehen zu lassen? Ich meine, ich war einmal ein Mensch, und nun bin ich eine Statue. Bestimmt gefiele es ihr, im Park aufgestellt zu werden. Sie verbrachte dort ohnehin den größten Teil ihrer Zeit.«

* Er war auch daran gewöhnt, dass fast alle Leute im Park vollständige Kleidung trugen, im Gegensatz zu den Engeln, denen es an Kleidung mangelte. Lord Palmerston war ein Gentleman vom alten Schlag, der sich an unbekleideten Körpern störte.

Der Engel setzte sich und faltete seine Flügel. »Ich fürchte, sie hat nie etwas getan, das andere Menschen zum Anlass nehmen könnten, ihr ein Denkmal zu setzen. Sie hat nie wild um sich geschossen, im Parlament lange Rede geschwungen oder etwas Ähnliches vollbracht.« Er lächelte. »Du kennst sie. Fällt dir ein Grund ein?«

»Wie wär's mit *Im Andenken an gutes Entenfüttern?*«, fragte Sir George.

»Moment mal«, warf Lord Palmerston ein. »Als sie jung war, kettete sie sich an Geländer, um das Wahlrecht für Frauen durchzusetzen. Sie zählte zu den Anführerinnen der Suffragetten in Blackbury. Zweimal kettete sie sich an den Parkzaun und einmal an den Parkaufseher. Bewarf den Premierminister Asquith mit Dreck. O ja, kämpfte mit allen Mitteln für das Wahlrecht! Ich bin froh, dass ich damals nicht Premierminister war.«

»Es gibt Leute, denen man für viel weniger ein Denkmal setzte«, gab der Engel zu bedenken.

»Das Problem ist: Was können wir tun?«, fragte Lord Palmerston. »Wir wirken nicht menschlich genug, um uns an den Stadtdirektor wenden zu können.«

»Benutz die Telefonzelle beim Eingang des Parks! Ich erkläre dir, wie sie funktioniert«, riet der Engel. »Du brauchst Geld für das Telefon, Sixpence*, glaube ich, und du musst tagsüber anrufen. Vielleicht findest du einige Münzen im Park – Menschen verlieren dauernd irgendwelche Münzen. Am besten versuchst du's beim Wunschteich.«

Sir George und Lord Palmerston wechselten einen Blick.

»Es ist einen Versuch wert«, befand Lord Palmerston.

Lord Palmerston hatte gewisse Probleme bei der Benutzung der Telefonzelle. Da er mehr als zwei Meter groß war und aus Marmor bestand, fiel ihm das Wählen nicht leicht – seine Finger waren zu dick.

In der vergangenen Nacht hatten sich die Statuen im

* Der Sixpence, oft *Tanner* genannt, war eine alte Münze zu der Zeit, als britisches Geld noch in Pfund, Shillings und Pence unterteilt war und man sich mit dem Zwölfersystem auskennen musste, um zu wissen, wie viel etwas kostete. Ich habe die Münzen als Kind verwendet und denke manchmal voller Wehmut an die Zeit, als ich zwei Tanner und einen Thrupenny in der Hosentasche klimpern lassen konnte. Die heutigen Pfundmünzen klingen ganz anders.

Park versammelt und beschlossen, dass Lord Palmerston nicht den Stadtdirektor anrufen sollte, sondern etwas namens *British Political History Society* (Britische Gesellschaft für politische Geschichte). Eine Statue von William Makeworthy, im zwanzigsten Jahrhundert Bürgermeister von Blackbury, war der Meinung, die BPHS sei genau die richtige Adresse, wenn es um die Errichtung von Statuen ging.

»Ich habe nur einen Sixpence«, sagte Lord Palmerston. »Und die Münze ist schon ganz abgenutzt.«

Schließlich bekam er die Society an den Apparat.

»Hier spricht Lord … äh, hier ist John Smith«, sagte er. »Ich möchte Ihnen mitteilen, dass Missis Mince gestorben ist. Sie hat sich sehr für das Frauenwahlrecht eingesetzt.«

»Missis Mince?«, erwiderte der Sekretär am anderen Ende der Leitung. »Natürlich. Meine Güte.«

»Wir halten eine Statue im Park für angebracht«, sagte Lord Palmerston. »Sie hat uns dort oft besucht, müssen Sie wissen.«

»Wir haben selbst schon an diese Möglichkeit gedacht«, erwiderte der Sekretär. »Wie, sagten Sie, lautet Ihr Name?«

Aber Lord Palmerston hatte bereits aufgelegt, verließ hastig die Telefonzelle und überraschte eine junge Frau, die darauf wartete, ebenfalls telefonieren zu können.

Die anderen richteten neugierige Blicke auf ihn, als er den Park erreichte. Da es noch Tag war, standen sie alle auf ihren Sockeln und Podesten, doch ihre Augen bewegten sich, als Lord Palmerston vorbeieilte und ihnen triumphierend zuwinkte. Er sprang auf seine Säulenplatte, während ihm der Parkaufseher noch den Rücken zuwandte, ergriff die marmorne Schriftrolle und sah einen Moment später so aus, als hätte er sich seit hundert Jahren nicht vom Fleck gerührt.

Sie warteten den ganzen Sommer und auch den Herbst und Winter über. Ende Februar, als Lord Palmerston unter einer dünnen Schicht Schnee vor sich hin döste, traf eine Versandkiste ein. Beim Zierbrunnen wurde ein neuer Sockel aufgestellt, darauf ein Gegenstand, der unter einem Tuch verborgen blieb.

Der Bürgermeister und der Präsident der British Political History Society erschienen, begleitet von Fotografen und Schaulustigen. Es wurden Reden gehalten – und dann enthüllte der Bürgermeister Mrs. Mince.

Die Statuen starrten, und die Zuschauer spendeten höflichen Applaus.

»Natürlich«, murmelte Lord Palmerston zu sich selbst. »Der Bildhauer zeigt sie so, wie sie als Suffragette aussah.«

Die Statue stellte eine viel jüngere Mrs. Mince in einem edwardianischen Kleid dar, und auf dem Kopf trug sie einen riesigen Hut. Mit trotziger Miene war sie an ein Geländer gekettet.

Als die Menschen gegangen waren, eilten die Statuen zu Mrs. Mince und begrüßten sie.

Lord Palmerston löste die Handschellen und half ihr vom Sockel.

»He, ich kenne Sie!«, rief die Suffragette entzückt. »Sie alle. Dies ist der Park, nicht wahr?«

»Liebe Missis Mince, lassen Sie es mich Ihnen erklären«, erwiderte Lord Palmerston.

Und er erklärte es ihr. Dann, als der Mond aufging, erschienen die Statuen von Pan und dem Geiger Menuenchi* und spielten einen Walzer. Lord Palmerston nahm Mrs. Mince in die Arme, und sie tanzten zusammen mit den anderen Statuen auf dem schneebedeckten Rasen, den der Parkaufseher sorgfältig gemäht hatte.

* Wird oft mit dem Geiger Yehudi Menuhin verwechselt. Menuenchi war nicht annähernd so berühmt, hatte aber als guter Fiedler in der Blackbury-Pit-Band gespielt.

Krieg der Zauberer

Jack wanderte durch den Wald, als eine Zauberformel auf dem Weg nach Süden an ihm vorbeisauste.

Es ist ganz einfach, Zauberformeln zu erkennen, wenn man genug Übung hat, und da Jack Zauberlehrling war, kannte er sich mit solchen Dingen aus. Diese Zauberformel sah aus wie ... nun ja, wie eine kleine rote Nebelschwade voller funkelnder Lichter. So ungefähr.

Lieber Himmel, Mallebor schickt schon wieder seinen Zauber!, dachte Jack und eilte der Zauberformel nach.

Er folgte ihr durch den Wald und über den Hang. Auf dem Gipfel des Hügels erhob sich ein steinerner Turm, und als Jack die große Eichentür erreichte, flog die Zauberformel gerade durchs Fenster. Drinnen machte es *Plopp!*, gefolgt von einem dumpfen Pochen, und dann fluchte jemand mit lauter Stimme.

»Beim Molchszahn! Ich gebe ihm einen Einsturzzauber …«

Jack öffnete die Tür und sah einen Stuhl beziehungsweise das, was davon übrig war – etwas hatte alle Beine abgebrochen. Auf der Sitzfläche, die nun auf dem Boden lag, saß ein wütender Zauberer.

Er hieß Robellam, und sein Gesicht glühte rot vor Zorn. Es handelte sich gewissermaßen um die zweite Stufe des Zorns, denn zuerst war Robellam vor Wut erblasst, und dann hatte sich die Blässe in roten Zorn verwandelt, als ihm klar geworden war, dass Mallebor erneut zugeschlagen hatte.

Um den großen Krieg zwischen den beiden Zauberern zu verstehen, muss man zunächst über Zauberer im Allgemeinen Bescheid wissen. Sie sind sehr stolz. Je besser sie sind, desto stolzer werden sie, bis sie andere Zauberer nicht mehr ausstehen können.

Robellam wohnte in einem Turm über dem kleinen Dorf namens Fransige Feder, und alles war ruhig und friedlich gewesen, bis Mallebor sich in einem Turm auf der anderen Seite des Tales niedergelassen hatte – Zauberer wohnen immer in Türmen.

Seitdem gab es ständig Probleme. Manchmal ging es nur um eine Zauberformel der Vierten Stufe, um einfache Magie, durch welche die Milch sauer wurde oder die Nase des anderen Zauberers sich grün färbte. Aber wenn einem von ihnen der Kragen platzte ...

»Jack!«, rief Robellam. »Hol mir Zauberstab, Buch und Kessel! Ich zeige dem Kerl, mit wem er es zu tun hat! Mir scheint, diesmal ist eine Zauberformel der Dritten Stufe angebracht.«

Lieber Himmel!, dachte Jack erneut.

Kurze Zeit später musste er ein Fenster öffnen, um die Zauberformel der Dritten Stufe hinauszulassen. Sie schwebte nach draußen: eine blaue Kugel mit grünen Blitzen im Innern.

»Flieg los und verwandle seine Tür in Käse!«, donnerte Robellam.

»Er wird dir eine Zauberformel der Stufe Zwei zurückschicken, Herr«, sagte Jack. »Das

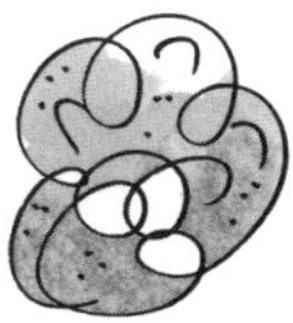

macht er immer. Und du weißt ja, was die Zweite Stufe anrichtet. Sie ...«

»Steig hinunter ins Tal und kauf ein Dutzend Eier, Junge!«, verlangte der Zauberer kühl. »Ich bin durchaus fähig, mit irgendwelchen Zauberformeln fertigzuwerden, die dieser lächerliche Scharlatan zustande bringt, herzlichen Dank.«

Jack war froh, den Turm verlassen zu können. Es war immer besser, die beiden Zauberer sich selbst zu überlassen, bis sie genug hatten. Gewöhnlich beschränkten

sie sich nach dem ersten Austausch von Zauberformeln der Stufe Zwei mit dem Abfassen von Drohbriefen.

Als er den Lebensmittelladen betrat, begegnete er einer fuchsroten Katze mit besonders prächtigem Schwanz. Es war Geryboam, Mallebors Assistent.

»Morgen, Jack«, sagte die Katze. »Zwischen den beiden geht's schon wieder los.«

»Das zweite Mal in dieser Woche«, erwiderte Jack. »Wir sollten etwas unternehmen. Sonst geht meine Ausbildung noch den Bach runter.«

»Was können wir tun?«, fragte Geryboam. »Ich bin nur zu einer Zauberformel der Stufe Fünf imstande, und das auch nur an bestimmten Wochentagen. Was schlägst du vor?«

»Wir können sie nicht daran hindern, gegeneinander zu kämpfen«, sagte Jack. »Bis auf den Großen Zauberer höchstpersönlich kann niemand einen Zauberer zu irgendetwas zwingen. Ich soll ein Dutzend Eier kaufen und weiß, dass sie Teil des Rezeptes für einen Dach-und-Decke-Zauber sind. Du solltest dich besser im Kohleschuppen verstecken.«

»Ich bin beauftragt, eine Tüte Pfeffer zu holen«, erwiderte Geryboam. »Das gehört zum Boden-und-Tür-

Zauber meines Herrn. Also verkriech dich besser auf dem Dachboden!«

Es knisterte und knackte, und eine Kugel aus grünem Feuer flog über den Laden hinweg in Richtung von Robellams Turm. Eine Sekunde später kam ein kleiner Schwarm goldener Sterne, unterwegs nach Mallebors Turm. Gleichzeitig verwandelte sich das Fenster des Ladens in rosarotes Eis, das zu schmelzen begann.

»Meine Güte, Nebenwirkungen«, sagte Geryboam.

»Ich glaube, wir sind es dem Dorf schuldig, diesem Unheil ein Ende zu setzen«, erklärte Jack wichtigtuerisch. Er konzentrierte sich auf das Fenster, nahm seine ganze Kraft zusammen und verwandelte es zurück in Glas, bevor der Ladeninhaber etwas bemerkte.

Bei Jacks Rückkehr befand sich Robellams Turm in einem schrecklichen Zustand. Mehrere schlecht gezielte Zauberformeln waren im Garten gelandet, und im Turm hatte magische Energie Möbel zerlegt und Teppiche aufgerollt. Es roch nach angesengten Stiefeln, Besenstielen, Bücherregalen und Dachbalken. Robellam schritt auf und ab und brummte vor sich hin. Er schnappte sich die Eier, die Jack mitgebracht

hatte, und verschwand mit ihnen in seinem Arbeitszimmer.

Jack stopfte alle seine Habseligkeiten in eine Tasche, eilte nach draußen und schlug die Tür hinter sich zu, just in jenem Augenblick, als sie sich in Sirup verwandelte.

Er traf Geryboam wie vereinbart im Wald. Die Katze trug einen kleinen Beutel mit Fischköpfen am Hals.

»Dir ist doch klar, was Zauberlehrlinge erwartet, wenn sie einfach so ihre Herren verlassen«, sagte Geryboam und schlug mit dem Schwanz. »Nach der Verordnung für Zauberer und Hexenmeister von 1872 werden sie in Käfer verwandelt.«

»Ich versuche es mit einer Zauberformel der Stufe Vier«, sagte Jack. »Sei mal eine Minute still!«

»Ich wollte nur darauf hinweisen, dass ich von nichts gewusst habe, wenn der Plan nicht funktioniert …«

Plötzlich *blitzte* und *knallte* es, und im nächsten Moment standen sie auf einem kahlen Berg. Seltsame Sterne leuchteten in noch seltsameren Farben am Himmel, und auf dem Gipfel des Berges stand das Haus des Großen Zauberers. Sie befanden sich im Land namens Lume, einem magischen Ort, der fern

und doch so nahe ist wie die andere Seite eines Schattens.

»Was hast du angestellt?«, fauchte Geryboam.

»Niemand kann einen Zauberer zu etwas zwingen, abgesehen vom Großen Zauberer«, sagte Jack. »Wir *müssen* zu ihm.«

Er eilte über den Pfad zu dem schlichten Haus, und Geryboam folgte ihm schließlich. Ihm schien gar nichts anderes übrig zu bleiben.

Sie erreichten die Tür des Hauses, die aus Eisen bestand und mit ungeschliffenen Diamanten besetzt war. Der Türklopfer aus Messing hatte die Form eines Lö-

wenkopfes, und als Jack ihn benutzte, donnerte es im Haus, und die Tür erbebte.

»Was wollt ihr?«, fragte der Löwenkopf aus Messing.

»Wir möchten den Großen Zauberer bitten, uns zu helfen und den Kampf zwischen Robellam und Mallebor zu beenden«, sagte Jack. »Wenn er so freundlich wäre.«

Der Löwe schwieg, aber die Tür schwang auf, und die beiden Zauberlehrlinge fanden sich in einem großen Flur wieder. Eine Standuhr tickte langsam in einer Ecke, und der Schirmständer enthielt Zauberstäbe und Besenstiele.

Es war ziemlich dunkel. Nach einer Weile sagte die Standuhr: »Steht nicht einfach so herum!«

Jack zuckte zusammen. »E...entschuldigung«, brachte er hervor.

»Schon besser«, sagte die Uhr. »Nun, was die Zauberer betrifft ... ihnen sollte tatsächlich Einhalt geboten werden. Sie sind schlecht für die Branche. Auf dem Tisch im Flur findet ihr einen Beutel mit zwei Zauberformeln der Stufe Eins. Das sollte der ganzen Sache ein Ende bereiten.«

»W...wo ist der Große Zauberer?«, fragte Geryboam.

»Oh, er kümmert sich nicht selbst um die Zauberformeln. Das überlässt er uns Einrichtungsgegenständen. Ich hoffe, ihr wisst mit Zauberformeln umzugehen«, fügte die Standuhr hinzu. »Ihr könnt natürlich keine Zauberformeln fabrizieren, die besser sind als Stufe Vier, ich weiß. Aber ihr solltet in der Lage sein, diese beiden Formeln zu verwenden, denn sie sind ein Geschenk des Großen Zauberers und jeweils für einen der beiden Zauberer bestimmt. Wir beobachten sie schon seit einer ganzen Weile. Es sind gute Magier, aber ihr Kampf wirft kein gutes Licht auf unsere Zunft. Tretet jetzt auf die Türmatte! Nur zu!«

Jack nahm den Beutel mit den Zauberformeln und wich zurück. Es machte *Wumm!*, und sie standen wieder im Wald. Das Land Lume war verschwunden.

»Sprechende Einrichtungsgegenstände!«, entfuhr es Geryboam. »Ich bin froh, dass unsere Möbel nicht zu Gesprächen aufgelegt sind.«

»Zwei Zauberformeln der Stufe Eins«, sagte Jack.

»Sie sind sehr mächtig! Selbst Robellam muss hart arbeiten, um eine solche Formel zu erschaffen. Ich hoffe, den beiden Zauberern passiert nichts Schlimmes – der alte Robellam ist ein guter Herr, wenn er nicht gerade in Wut gerät.«

»Das gilt auch für Mallebor«, stimmte Geryboam zu. »Wenn ich mir überlege, dass ihn eine Zauberformel der Stufe Eins in einen Knopf verwandeln könnte … Ach, das wäre nicht richtig!«

»Ich bezweifle, dass der Große Zauberer zu so etwas fähig wäre«, sagte Jack. »Nun, wenn sie nicht bald mit ihrem Gezänk aufhören, könnte mindestens einer von ihnen ernsthaft zu Schaden kommen.«

»Wenn du die Zauberformeln aus dem Beutel lässt, sollten wir besser weit weg sein, zum Beispiel in Australien«, sagte Geryboam.

Mit dem Beutel, der zwei mächtige Zauberformeln enthielt, näherten sich Jack und Geryboam auf leisen Sohlen Robellams Turm. Hoch über ihnen sauste etwas über den Himmel und riss mehrere Schindeln vom Dach. Es sah aus wie ein Ball aus rotem Rauch.

»Sie sind noch immer voll dabei«, sagte Geryboam.

»Eins muss man meinem Herrn lassen: Seine Tollen-Turm-Zauber haben es in sich.«

Der Garten war voller Krater, geschaffen von Zauberformeln, die ihr Ziel verfehlt hatten. Der Rasen hatte einen violetten Ton angenommen. Der Steingarten war ganz verschwunden und hatte nichts als blauen Dunst hinterlassen. Das Gewächshaus ... Nun, mit dem Gewächshaus war etwas höchst Seltsames geschehen. Und das verrückte Pflaster wirkte noch weitaus verrückter als vorher.

»Jack! Hör auf, mit dem Feind zu fraternisieren!«, erklang eine Stimme vom Fenster, und sie blickten zu Robellam hoch, der einen Metallhelm trug.

»Jetzt?«, fragte Jack.

»Warum nicht?«, erwiderte Geryboam und beobachtete besorgt das Gewächshaus.

Jack zog die Schnur des Beutels auf und wich hastig zurück.

Für einen Moment passierte gar nichts. Dann geriet der Beutel in Bewegung, und zwei kleine schwarze Kugeln kamen zum Vorschein. Sie wurden größer und größer, und Jack gewann den Eindruck, dass sie im eigentlichen Sinn gar nicht schwarz waren, sondern farblos –

sie schienen das Licht in ihrer Nähe aufzusaugen.

Für eine Weile schwebten sie über dem Turm, und dann flog eine von ihnen über das Tal in Richtung von Mallebors Domizil. Die andere sank durch das Dach von Robellams Turm.

»Jetzt geht's los«, ächzte Jack. Im Innern des Turmes heulte jemand, und Robellam huschte durch die Tür. Er wich dem Gewächshaus aus, sprang über den Zaun und verschwand im Tal, wobei ihm die Zauberformel dicht auf den Fersen blieb. Jack und Geryboam folgten Zauberer und Zauber.

Sie eilten über die Dorfstraße, und dort kam ihnen Mallebor mit wehendem Zauberermantel entgegen. Die beiden Zauberer trafen sich in der Mitte der Straße, drehten sich um und wollten die schwarzen Kugeln abwehren. Eine Zauberformel nach der anderen setzten sie ein, doch die Kugeln waren stärker und saugten sie einfach auf.

Die beiden Zauber der Stufe Eins fraßen Magie und wurden größer.

Jack beobachtete, wie sich Mallebor an Robellam wandte und etwas sagte – die beiden Zauberer fassten sich an den Händen und drehten sich im Kreis. Schneller und immer schneller drehten sie sich, bis sie zu einem Schemen wurden und über ihnen eine große weiße Flamme aufloderte.

Sie breitete sich aus, bis die Luft zu brennen schien. Die Flamme wuchs und wuchs, wölbte sich um die schwarzen Zauber. Es knallte – ein Geräusch wie von einem Gewitter in der Ferne, und die beiden Zauberer lagen im Staub.

»Beim Jupiter, das hat mir einen gehörigen Schrecken eingejagt«, sagte Mallebor. Er stand auf, klopfte sich ab und half Robellam auf die Beine. »Zum Glück konnten wir unsere Kräfte vereinen, um die Zauber abzuwehren. Wie geht es dir?«

Robellam strich sich den Schmutz vom Umhang. »Es geht mir gut, danke«, sagte er. »Was ich mich immer gefragt habe: Was passiert mit der Flamme von Cigam, nachdem sie einen Zauber verbrannt hat?«, überlegte er. »Dass sie funktionierte, war eine Überraschung für mich. Aber ohne dich hätte ich es nie geschafft.«

»Ich habe da einige Bücher, die vielleicht helfen könnten«, schlug Mallebor vor. »Sollen wir gehen und alles Weitere besprechen?«

Zufrieden machten sie sich auf den Weg.

»Wie wär's mit einer Tasse Tee?«, fragte Jack und wandte sich mit einem Lächeln an die Katze.

»Ich ziehe eine Untertasse mit Milch vor«, erwiderte Geryboam.

Und damit folgten sie ihren Herren.

Hündchens außergewöhnliche Abenteuer

Hündchen lag auf dem Bauch, saugte an einem Strohhalm und lauschte den Bienen. Es war Sommer auf den Hügeln von Dandoloone, und ein friedlicher Tag hatte begonnen.

Plötzlich hörte er Gesang in der Ferne, außerdem ein Geräusch wie von einer zornigen Wespe. Ein sonderbarer Zeppelin kam aus einer kleinen weißen Wolke über dem Hügel. Hündchen blickte erstaunt zu ihm hoch. So etwas sah er zum ersten Mal.

Das Objekt hatte die Form einer kurzen, dicken, geraden Banane mit roten und orangefarbenen Streifen, und es verfügte über die Takelage eines Schiffes. Unter einem Gasbeutel hing so etwas wie ein Hausboot aus Rohrgeflecht, hinten mit einem Propeller und vorn mit großen Erkerfenstern. Auf dem Balkon vor einem dieser Fenster saß ein Mädchen, putzte fleißig das Glas und sang dabei immer wieder die ersten beiden Zeilen des Liedes »Die Rose von Dandoloone.« Den Rest des Textes schien es nicht zu kennen.* Drei Meter über Hündchen hielt das Luftschiff inne und warf den Anker, der ihn nur knapp verfehlte.

Das Brummen des Motors verklang. Eine Luke öffnete sich, und Hündchen entdeckte eine Gestalt, die fast nur aus Bart und Hut zu bestehen schien und eine Kapitänsuniform trug.

»Bitte entschuldigen Sie die Störung.«

Hündchen war wohlerzogen und hob den Hut. »Kann ich behilflich sein?«, fragte er.

»Ja, herzlichen Dank«, erwiderte der Kapitän. »Bitte sagen Sie mir: Wo sind wir hier?«

* Ich kenne ihn ebenfalls nicht, also müssen wir es dabei belassen.

»Dies sind die Hügel von Dandoloone, und der Hügel, auf dem Sie gelandet sind, heißt Fallüber. Das dort drüben ist der Finstrigwald, und ich heiße Hündchen, obwohl ich kein kleiner Hund bin – es ist ein ehrenvoller alter Name, der über viele Generationen hinweg an adlige Hündchen weitergegeben wurde. Ich lebe hier, wenn ich nicht gerade von zu Hause weg bin, was oft geschieht, wenn ich nicht da bin.« Er ging den Satz in Gedanken noch einmal durch, um festzustellen, ob sich jedes Wort am richtigen Platz befand. Sicherheitshalber fügte er hinzu: »Wenn Sie verstehen, was ich meine.«

»Oh«, sagte der Kapitän. »Vielleicht könnten Sie es mir auf meiner Karte zeigen. Kommen Sie an Bord!«

Er warf eine Strickleiter, und nachdem Hündchen einige Male daran gezogen hatte, hielt er sie für sicher genug und kletterte an Bord. Drinnen ging es recht geräumig zu. Es gab einen Herd, Kojen und ein großes vergoldetes Rad, mit dem das Luftschiff gesteuert wurde.

»Sie haben hier einen sehr hübschen Apparat«, sagte er respektvoll. »Wozu dient er?«

»Dies ist mein Luftschiff«, antwortete der Kapitän.

»Damit fahre ich durch die Lüfte. Hab's selbst gebaut. Derzeit sind wir unterwegs zu den Verhängnisinseln. Möchten Sie vielleicht mitkommen? Wir könnten ein zusätzliches Besatzungsmitglied gebrauchen. Heute hier, morgen dort und übermorgen an einem ganz anderen Ort. Über uns ein Himmel, immer anders.«

Hündchen versprach, darüber nachzudenken – es klang ganz nach einem *aufregenden Abenteuer*. Der Kapitän zeigte ihm all die Dinge, die er erfunden hatte, während Ella – das Mädchen, das die Fenster geputzt hatte – kompliziert aussehende Anzeigen überprüfte und den einen oder anderen Hebel betätigte.

Draußen ging die Sonne unter, Wind kam auf, und Hündchen gewann den Eindruck, dass das Luftschiff schwankte.

Schließlich stand er auf und wollte das Luftschiff verlassen, aber als er die Luke öffnete, riss er die Augen auf. Wo sich das Gras des Fallüberhügels ausbreiten sollte, erstreckte sich schwarzes Wasser, das im Mondschein glänzte. Das Ankerseil war gerissen!

Hündchen saß zufrieden hinter dem Kapitän, als das Luftschiff übers Meer glitt. So geschah es schon seit Tagen. Manchmal gingen sie etwas tiefer und öffneten die Luke im Boden, damit sie die Strickleiter hinablassen und schwimmen oder angeln konnten. Doch hauptsächlich hieß es: Meer, Meer und noch mehr Meer.

»Hallo!«, rief der Kapitän plötzlich. »Seht nur!«

Ein Fleck mit einem schneebedeckten Berg in der

Mitte zeigte sich am Horizont. Der Kapitän drehte das Steuerrad und ließ das Luftschiff Kurs darauf nehmen. Die Insel kam näher und näher. Es dauerte nicht lange, bis sie die weiße Linie der Brandung erkannten.

»Macht den Anker bereit!«, forderte der Kapitän seine Helfer auf.

»Wir haben ihn verloren«, erwiderte Ella. »Weißt du noch?«

»Gib mir die Haifischleine!«, verlangte Hündchen und öffnete die Luke. Er wartete, bis ein geeigneter Baum vorbeikam, und ließ die Leine in die Krone fallen. Es war ein dickes Seil mit drei großen Haken, die schnell Halt fanden. Das Luftschiff verharrte über dem Baum.

Vorsichtig kletterten sie an dem Seil hinab. Den Anfang machte der Kapitän mit einem langen Messer zwi-

schen den Zähnen – bei unerforschten Inseln kann man nie wissen. Es folgten Hündchen und dann Ella. Hintereinander schlichen sie durch den Wald und lauschten. Ein kühler Wind wehte, und ein seltsames Klirren ertönte, als sich die Bäume bewegten. Es glitzerte und klingelte, als bestünde der ganze Wald aus Glas und Silber. Es dauerte nicht lange, bis die Baumkronen über unseren kühnen Forschern so laut wurden wie tausend Kirchenglocken.

»Ich frage mich ... au!«, stöhnte Hündchen und rieb sich den Kopf.

»Pscht!«, zischte der Kapitän.

»Nein, ich bin nicht still!«, erwiderte Hündchen aufgebracht. »Jemand hat gerade etwas nach mir geworfen.« Etwas fiel vor ihm auf den Boden und hüpfte davon. Es war rund und silbrig und sah wie eine Münze aus …

»Eine Fünfzig-Pence-Münze«, sagte der Kapitän. »Das ist lächerlich, denn Geld wächst nicht an Bäumen.«*

Ein besonders starker Windstoß ging durch den Wald, und weitere Münzen fielen auf sie herab.

»Ich glaube es nur dieses eine Mal«, sagte der Kapitän. »Aber sonst nie wieder.« Er rieb sich das Ohr, wo ihn eine Zehn-Pence-Münze getroffen hatte. Die Aufregung des Erforschens erfasste sie alle. In einer Felsspalte fand Ella einen kleinen Zweig mit dun-

kelgrünen Blättern – die Triebe enthielten alte Threepenny-Münzen. Der Kapitän, an allem Unerforschten und Wissenschaftlichen interessiert, untersuchte mit einem großen Vergrößerungsglas eine gefleckte kleine Fünf-Penny-Münze. Hündchen lag der Länge nach auf dem Boden und beobachtete eine braune Knospe, die lang-

* Darauf haben eure Eltern bestimmt schon mehrmals hingewiesen.

sam größer wurde und sich schließlich öffnete – in ihrem Innern lag eine silbrig glänzende Münze.

Die Forscher waren ganz mit ihren Forschungen beschäftigt, als der Kapitän plötzlich eine leise Stimme im Wald vernahm.

»Vorsicht! Pflückt nur die reifen. Keine lädierten oder gefleckten. Und lasst die heiligen Sixpenny-Haine in Ruhe!«

Hinzu kam der Gesang vieler Stimme, weit entfernt zwischen den Bäumen.

»Hai-hi! Hai-ho!«, sangen sie. »Wir sind die Pennypflücker!«

»Meinem deutlichen Eindruck zufolge halten wir uns an einem Ort auf, den wir besser meiden sollten«, sagte Hündchen nervös. Zusammen mit dem Kapitän und Ella wich er ins Gebüsch zurück, und von dort aus beobachteten sie, wie die Pennypflücker die Lichtung erreichten.

Das Pflücken von Geld schien ganz einfach zu sein. Männer mit Schürzen aus grüner Wolle stellten Leitern auf, kletterten auf die Bäume und füllten ihre Körbe. Die ganze Zeit über sangen sie ihr Pennypflückerlied,

und das Klirren der Münzen im Wind schuf die Musik dazu.

»Möchtet ihr euch umsehen?«, ertönte eine Stimme hinter ihnen. Hündchen drehte sich um und entdeckte einen kleinen Mann, der einen weißen Kittel trug. In der einen Hand hielt er ein Handtuch, in der anderen einen Saatkorb.

Sie sagten Ja und folgten dem kleinen Mann in den Wald. Er erzählte, er sei einer von vielen Geldwirten, die sich um den Geldanbau kümmerten. Wenn die Münzen reif waren, führte er aus, schickte man sie

zur Münzprägeanstalt. Sie wanderten zwischen gut gepflegten Feldern dahin, und nach einer Weile machten sich der Kapitän und Ella auf, um eigene Forschungen zu betreiben. Sie versprachen, gut achtzugeben und nicht auf die jungen Pflanzen zu treten.

Hündchen bekam die Erlaubnis, eins der großen Treibhäuser im südlichen Teil der Insel zu besuchen. Dort gab es exotischere Gewächse. Fasziniert beobachtete er, wie kleine Männer die seltenen, wunderschönen Fünfzig-Pfund-Noten bewässerten. Sie gediehen in besonders fruchtbarem Boden und mussten regelmäßig beschnitten werden, wenn sie nicht zu gewöhnlichen Fünf-Pfund-Noten werden sollten. Hier gab es auch Sträucher mit echten Goldmünzen, Büsche für Silberschillinge, Sonderprägungen und so weiter.

»Wenn man das Geld wild wuchern lässt«, sagte der Geldwirt, dessen Name Henry lautete, »dauert's nicht lange, bis man quadratische Threepenny-Münzen und so bekommt. Vom Unkraut ganz zu schweigen. Ein Teil davon besteht aus Pflanzen, die einmal von Wert für uns waren, es aber nicht länger sind. Lässt sich nicht gern jäten, das Unkraut.« Henry zeigte Hündchen etwas davon: ei-

nen zähen, winterharten Viertelpenny, den alten Groschen und Pflanzen, die eigentlich gar kein Unkraut waren, aber an der falschen Stelle wuchsen, zum Beispiel eine schottische Zehn-Pfund-Note und der kaum ausrottbare alte australische Penny, bekannt unter der wissenschaftlichen Bezeichnung *Copperus Antipoedius*.

Und so ging es für den Rest des Tages weiter. Der Kapitän kehrte schmutzig und überglücklich zurück, denn nach reichlichem Graben und Klettern hatte er ein perfektes Exemplar von *Fivus Bobbilius* entdeckt, einem sehr seltenen und leicht zu erntenden Fünf-Schilling-Gewächs. Henry war so freundlich, ihm das Exemplar für seine Sammlung gepresster Pflanzen zu überlassen, und Ella überreichte er einen kleinen Zweig von einem speziellen Sixpenny-Strauch.

Dann richtete er einen durchdringenden Blick auf Hündchen. »Der Kapitän begeistert sich für wissenschaftliche Funde, und Ella erfreut sich an zarten Dingen. Und nun frage ich mich, was für dich passen würde«, sagte er. Schließlich begab er sich in ein Hinterzimmer und kehrte mit einem Threepenny zurück. »Dies ist eine alte britische Münze«, erklärte er. »Was könntest du wohl daraus wachsen lassen?«*

Später kletterten sie die Strickleiter zum Luftschiff hinauf, holten die Haifischleine ein und flogen fort von der Insel.

»Wir haben nie gefragt, wo wir eigentlich waren«, sagte der Kapitän.

»Spielt keine Rolle«, erwiderte Hündchen zufrieden. »Setzen wir die Reise doch einfach fort.«

Eines Abends im Juli, als das Luftschiff über einem uninteressanten Stück Land schwebte, donnerte es in der Ferne, und der Kapitän sah von der Arbeit auf, mit der er gerade beschäftigt war – er versuchte, ein Luftschiff in einer Flasche zu bauen.

Er blickte auf das Barometer, das einen ziemlich niedrigen Luftdruck anzeigte. Dann holte er seine Uhr mit dem leuchtenden Zifferblatt hervor, das noch heller leuchtete als sonst. Es roch ziemlich stark nach

* Hündchen pflanzte sie nach der Rückkehr zum Luftschiff, und sie entwickelte sich zu einem kleinen Busch mit weißen und violetten Blüten. Geld wuchs nicht daran, aber die Blüten dufteten angenehm.

Elektrizität, und der Kapitän fühlte ein Prickeln in den Fußsohlen.

»Es droht ein Gewitter«, sagte er zu sich selbst. Und lauter: »Ella, die Steuerbordwäscheleine einholen und den Schirmständer hissen. Hündchen, den Gasbeutel festmachen.«

Plötzlich kam es zu einem grollenden, donnernden, widerhallenden, knackenden, knallenden, hämmernden, schleifenden, schmirgelnden und knirschenden *Knall*.

»Das Gewitter befindet sich unmittelbar über uns!«,

rief der Kapitän. Blaue Funken blitzten zwischen Hündchens Ohren auf.

Der elektrische Sturm wütete rings um das Luftschiff, drehte und kippte es mehrmals. Hündchen klammerte sich am Steuerrad fest und wünschte sich weit weg. Ein greller Blitz zuckte dicht am Gasbeutel vorbei, und ein gespenstisches grünes Licht tanzte über die goldenen Litzen der Kapitänsuniform.

»Dies ist ein Notfall«, verkündete er. »Hündchen, ziehen Sie den mit *oben* beschrifteten Hebel!«

Hündchen zog den betreffenden Hebel, und für einen Augenblick geschah nichts. Dann machten sich alle Zylinder des Luftschiffes daran, emsig Gas zu pumpen. Das Schiff schoss durch die Wolken, wie vom schnellsten Aufzug der Welt nach oben getragen, und die Besatzung hielt sich fest, als fauchende Luft an ihrer Kleidung zerrte.

»Ich glaube, ich habe meinen Magen unten gelassen«, sagte Ella.

Der Kapitän übernahm das Steuer und betätigte die Kontrollen, um das Schiff stabil zu halten. Das Gewitter blieb weit hinter ihnen zurück, und plötzlich wurde es sehr ruhig.

»Hier ist etwas zu sehen, das man nicht zweimal im Leben zu Gesicht bekommt«, sagte der Kapitän.

Sie drängten sich am Fenster zusammen. Die Welt hatte sich verändert. Sie war blau und von Wolken bedeckt. Der Horizont zeigte sich als gewölbte, verschwommene Linie, und dahinter ging die Sonne unter. Aber sie war nicht gelb, sondern groß und golden, und die Sterne zeigten sich trotzdem am dunkelvioletten Himmel.

»Ist es nicht still?«, fragte Hündchen. »Kein Wind, kein Regen, kein Donnern.«

»Nicht hier oben«, sagte der Kapitän. »Hier oben passiert nie etwas solcherart.«

Genau in diesem Augenblick legte sich ein Schatten vor die Sonne, und sie vernahmen ein Geräusch, ein grässliches *Quietschen*.

»Mir gefriert das Blut in den Adern«, sagte Hündchen. »So wie es in den Büchern geschrieben steht.«

Der Schatten kam näher und stellte sich als ein Gebilde heraus, das wie ein riesiger Adler aussah, mit gewaltigen Flügeln, einem sehr gefährlichen Schnabel und noch gefährlicheren Krallen. Der Kö-

nigsadler näherte sich dem Fenster und beobachtete die Beobachter. Er schien mindestens zweimal so groß zu sein wie das Luftschiff.

»Wenn wir nur eine Harpune hätten ...«, begann Ella.

»Nein!«, erwiderte der Kapitän. »Wenn wir ihn in Ruhe lassen, lässt er auch uns in Ruhe. Immerhin ist dies sein Revier, sein Reich. Er fragt sich vermutlich, welche Vogelart wir wohl sind.«

Nach dem Essen flog der Adler davon, und als die Nacht begann, wurde es rasch kühler.

»Ich finde, wir sollten ein bisschen tiefer gehen«, sagte der Kapitän, als es Zeit für den Tee wurde. »So weit oben kann's ziemlich kalt werden.«

Das Dröhnen eines Nebelhornes unterbrach ihn. Hündchen öffnete das Fenster.

Nicht weit entfernt glitt ein anderes Luftschiff über den nächtlichen Himmel. Es war ganz schwarz, mit einem großen weißen Totenkopf und zwei gekreuzten Knochen auf dem Gasbeutel. Während sie es noch beobachteten, klappten mehrere Luken auf, und Kanonen schoben sich aus den Öffnungen. Das Nebelhorn ertönte erneut.

»Anhalten und Geld her!«, rief jemand. »Wir schicken ein Enterkommando. Eine falsche Bewegung, und wir schießen euch vom Himmel!«

»Piraten!«, rief Hündchen.

»Bereitmachen für Abwehr des Enterkommandos!«, befahl der Kapitän und ergriff einen Besen. »Wenn sie ein Loch in den Gasbeutel schießen, sind wir erledigt.«

Das schwarze Luftschiff näherte sich, und sie erkannten die Piraten, die durch die Fenster starrten. Sie warfen bereits Leinen und sangen dabei triumphierende Piratenlieder.

»Fünfzehn Mann auf des toten Mannes Kiste …
Yo ho ho und eine Tüte Chips.«

»Habt ihr Gold oder Jufehlen an Bord?«, fragte der Piratenkapitän und kletterte durchs Fenster.

Plötzlich waren die Piraten überall und kämpften wie wild. Der Kapitän schwang seinen Besen und setzte sich entschlossen zur Wehr. Ella nahm einen Schürhaken, bereit, die Kontrollen des Luftschiffes zu verteidigen. Hündchen fand sich auf der Veranda wieder,

im tödlichen Kampf gegen das Oberhaupt der Piraten. Hin und her ging der Kampf, bei dem Hündchen einen Mopp verwendete. Dann schnitt der Anführer der Piraten den Stiel des Mopps entzwei und versetzte Hündchen einen ordentlichen Stoß.

Er fiel …

… und fiel …

… und fiel noch etwas mehr …

Die Luft zischte an ihm vorbei, und in der Dunkelheit sah er, wie die beiden Luftschiffe über ihm immer kleiner wurden. Das Lachen des Piratenkapitäns hallte ihm in den Ohren.

Er drehte sich langsam, während er durch die Wolken fiel wie durch dichten Nebel.

Wumpf! Es war wie eine Landung auf einer Federmatratze. Es ist eine Federmatratze, dachte Hündchen und tastete vorsichtig um sich. Was hatte eine Matratze hier oben verloren? Er kroch aus den Federn und blickte sich um.

Der Königsadler wandte den Kopf und starrte auf Hündchen herab. »Was suchst du auf meinem Rücken, Erdding?«, fragte er.

»Entschuldige bitte, man hat mich aus dem Luftschiff gestoßen«, erklärte Hündchen. »Dort oben sind Piraten! Ich muss zurück und dem Kapitän helfen.«

»Piraten, sagst du? Halt dich fest!« Der Königsadler schlug mit den riesigen Flügeln und stieg auf.

Hündchen hatte den Aufstieg mit dem Luftschiff für schnell gehalten, aber jetzt ging es noch schneller nach oben als zuvor bei seinem Sturz nach unten. Der Königsadler raste wie eine Rakete empor.

Der Kapitän kämpfte um sein Leben, als er einen kleinen Fleck durch die Wolken aufsteigen sah. Er wurde immer größer, und als der Adler vorbeiflog, drehte der Wind das Luftschiff.

Die Piraten schrien, als sie den Adler erblickten, und eilten über die Seile zu ihrem eigenen Luftschiff zurück. Der Kapitän half dem Letzten von ihnen mit einem Tritt durch die Tür. Einen Moment später packte der Königsadler das Piratenschiff mit seinen Klauen und flog davon.

Hündchen kletterte vom Gasbeutel herab – dort hatte ihn der Königsadler abgesetzt.

»Ich bin froh, dass das vorbei ist«, sagte er und klopfte sich Staub von der Kleidung. »Sind alle wohlauf?«

Niemand war ernsthaft verletzt. Rasch ließen sie etwas Gas aus dem Beutel entweichen, damit das Luftschiff sank und dem Boden näher kam – sie wollten sicher sein, dass der Königsadler nicht auch ihr Schiff forttrug.

»Meiner Ansicht nach hatten wir für eine Weile genug Aufregung«, sagte der Kapitän. »Beim nächsten friedlichen Ort, den wir ansteuern, machen wir Rast. Einverstanden?«

Sie segelten bis zum Morgen, als sich der Wind legte und das Luftschiff bei einer Ansammlung von Brombeersträuchern zur Ruhe kam. Nach einer Weile öffnete Ella die Tür und ließ die Haifischleine hinab, deren Haken in einem Weißdornbaum stecken blieben.

Hündchen blickte aus dem Fenster. »Dies sieht nach einem netten Fleckchen aus«, sagte er.

Sie befanden sich auf einer kleinen Insel, die dicht mit Gras und Brombeersträuchern bewachsen war. Nicht weit entfernt gab es weitere Inseln, Hunderte von ihnen, alle sehr klein und einige mit Häusern darauf. Auf den Dächern der Häuser saßen Leute in langen Reihen, umgeben von ihren Habseligkeiten. Alle waren sehr still.

»He!«, rief der Kapitän einem kleinen Jungen zu, der auf einem schwimmenden Holzklotz saß, den Riemen einer Zeitungstasche über die Schulter geschlungen. »Was ist dies für ein Ort? Wo sind wir hier?«

»Ich bin nicht ganz sicher. Als ich das letzte Mal hierherkam, war's eine Straße. Entschuldigung, ich muss los und meine Zeitungen ausliefern.« Der Junge paddelte zwischen den Inseln davon.

»Wisst ihr, was ich glaube?«, fragte Ella. »Ich glaube, diese Inseln waren noch vor kurzer Zeit *Hügel*.«

Sie hatte recht. Alle möglichen Gegenstände schwammen im Wasser: alte Hühnerkörbe, Tische, Blechdosen und weiteres Treibgut, an dem man sich festhalten konnte. Sie beobachteten, wie ein großer Weidenkorb, wie man ihn für Einkäufe benutzte, vorbeikam und in einen Strudel geriet. Er drehte sich, in seinem Innern ein kleiner Mann, der einen großen schwarzen Hut trug und dem übel zu werden schien.

»Könnten Sie mir bitte helfen?«, fragte der Mann, als sich der Korb immer schneller drehte.

Der Kapitän nahm einen Bootshaken aus dem Regal über dem Kamin, kletterte die Strickleiter hinunter, hob den kleinen Mann vorsichtig aus seinen Einkäufen

und half ihm die Leiter hoch ins Luftschiff. Kurze Zeit später sank der Weidenkorb, und übrig blieb nur ein schwimmender Laib Brot.

»Oh, es ist schrecklich, einfach schrecklich!«, klagte der kleine Mann, als sie ihn vor dem Feuer trockneten.

»Was in aller Welt ist denn passiert?«, fragte Hündchen.

»Der große Damm oben am Fluss ist gebrochen. Alles wurde überflutet.«

Der Mann erzählte ihnen, was geschehen war. Die Flutwelle hatte ihn beim Verlassen der Bibliothek erfasst, und er hatte den ganzen Morgen in dem schwimmenden Weidenkorb verbracht, mit nichts weiter zu essen als einer Dose Bohnen und einem kalten Würstchen.

Das Luftschiff flog den ganzen Tag von Hügelkuppe zu Hügelkuppe und sammelte Leute ein, deren Häuser überflutet worden waren. Es dauerte nicht lange, bis das Schiff voll war und nur noch dicht über dem Wasser fliegen konnte. Es zog einen Schweif aus Booten und Behältern hinter sich her.

»Offenbar haben wir die ganze Bevölkerung bei uns«, flüsterte der Kapitän Hündchen zu. »Irgendeine Vorstellung, was wir mit den vielen Leuten anfangen sollen?«

Hündchen blickte aus dem Fenster. »Das dort sieht vertraut aus«, sagte er und deutete auf eine Insel, die etwas größer war als die anderen. Der Anblick erinnerte ihn an seinen Heimathügel, und tatsächlich: Als sie näher kamen, erkannte er sein Haus darauf. »Wir sollten dorthin fliegen«, sagte er und seufzte. »Obwohl ich keine Ahnung habe, wie ich alle diese Leute ernähren soll.«

Sie gingen vor Anker, und Hündchen führte die anderen zu seinem Haus. Nach einigen Wochen Abwesenheit war's ein bisschen staubig, und die Speisekammer enthielt nicht viel, nur einen Beutel Bohnen und eine Dose Haferbrei.

»Es gibt entweder Bohnen mit Haferbrei oder Haferbrei mit Bohnen«, sagte er und sah sich um. »Mag jemand weder Haferbrei noch Bohnen?«, fügte er hoffnungsvoll hinzu.

Doch nach einem langen Tag in Kälte und Nässe konnten alle einen ordentlichen Teller voll vertragen. Also setzten Hündchen und der kleine Mann mit dem schwarzen Hut einen großen Topf auf den Herd und suchten Feuerholz.

Unterdessen flogen der Kapitän und Ella mit dem Luftschiff über den Wald und hielten nach dem gebrochenen Damm Ausschau.

»Dort ist er!«, rief Ella. »Ich erkenne deutlich, wie das Wasser durch das Loch strömt.«

Sie landeten und sahen sich den Schaden an. Ein

großer Felsen war vom Berg gerollt und hatte ein Loch in den Damm gerissen. Der See dahinter war fast leer.

»Armer alter Hündchen«, sagte Ella und wrang ihre Jacke aus. »Muss sich um alle diese Leute kümmern.«

»Oh, ich weiß nicht«, erwiderte der Kapitän. »Hündchen ist vermutlich jemand, dem so etwas gefällt. Auf solche Leute kann man sich verlassen.«

»Na ja«, sagte Ella und beließ es dabei.

Sie fällten einige Bäume, warfen dann Seile vom Luftschiff hinunter und zogen die Stämme über das

Loch im Staudamm. Am Ufer des Sees hinter dem Damm sammelte Ella viele Äste und Zweige, und damit stopften sie die Lücken zwischen den Baumstämmen.

»Ich denke, das reicht«, sagte der Kapitän, als sie zu Hündchens Haus zurückkehrten. »Natürlich muss alles richtig abgedichtet werden, aber vorerst genügt es.«

Der Pegel des Wassers sank bereits.

»Jedenfalls brechen wir jetzt wieder auf«, entschied der Kapitän. »Kommen Sie mit, Hündchen?«

Hündchen betrachtete den unerledigten Abwasch. »Nein, ich glaube nicht«, sagte er langsam. »Es gibt viel aufzuräumen, und wir müssen den Damm abdichten, wie Sie gesagt haben. Außerdem muss ich dafür sorgen, dass die anderen wieder ein Dach über dem Kopf bekommen ...«

»Ich verstehe«, erwiderte der Kapitän. »Nun, dann wünsche ich Ihnen alles Gute, Hündchen.« Er und Ella schüttelten ihm die Hand und kehrten in ihr Luftschiff zurück. Es hob langsam ab und schwebte nach Süden.

»Das war wirklich ein großes Abenteuer«, sagte Hündchen zu sich selbst und sah dem Luftschiff nach, bis es außer Sicht geriet. »Ich habe viel von der Welt gesehen, und jetzt bin ich wieder zu Hause.«

Er krempelte die Ärmel hoch und blickte sich zufrieden um.

»Es gibt viel zu tun«, murmelte er.

Reinmangel, der Wicht von Even Moor

Es war einmal ein Wicht, der in einem hohlen Baum in Even Moor wohnte, dem seltsamen, geheimnisvollen Land im Norden von Blackbury. Sein Name lautete Reinmangel, und soweit er wusste, war er der letzte Wicht auf der Welt.

Echte Wichte sind sehr klein – sie werden nur wenige Zentimeter groß –, aber wie alle echten Wichte sah Reinmangel nicht so aus, wie sich die Leute einen

Wicht vorstellen.* Natürlich trug er einen spitzen Hut, denn so etwas gehört einfach zu einem Wicht dazu. Aber abgesehen davon bestand seine Kleidung aus einem abgetragenen Mäusehautanzug und einem ziemlich übel riechenden Mantel aus altem Maulwurfsfell. Er hatte kein großes, fröhliches Gesicht und erst recht keinen Bart. Er ernährte sich von Nüssen, Beeren und den Überbleibseln von Picknicks, auch von Vogeleiern, wenn er welche bekommen konnte. Ein besonders fröhliches Leben war das nicht.

Eines Tages saß er in seinem hohlen Baum und nagte an einer Haselnuss. Es regnete in Strömen, und der Baum war nicht dicht. Die feuchte Kälte bescherte ihm stechende Schmerzen in den alten Gelenken.

»Potz Blitz«, sagte er. »Ich hab die Nässe satt. Und ich fühle mich ein wenig einsam. Vielleicht gibt es doch noch andere Wichte auf der Welt ...«

Eine im Baum nebenan lebende Eule hörte ihn und flog herbei. »Du solltest losziehen und dir die Welt an-

* Schaut euch mal die Gärten in eurer Nachbarschaft an – dann bekommt ihr vielleicht einen Eindruck davon, wie sich die Leute das Erscheinungsbild eines Wichtes vorstellen. Oft haben sie Angeln. Mit denen sich in Bäumen allerdings nicht viel anfangen lässt.

sehen«, sagte sie. »Es gibt mehr als nur Even Moor, vielleicht auch andere Wichte.« Die Eule erzählte Geschichten über die Straßen von Blackbury und noch fernere Orte, wo die Sonne immer schien und das Meer blau schimmerte. Sehr ausführlich waren die Geschichten nicht, denn die Eule kannte jene Orte nur aus den Schilderungen einer Amsel, die es ihrerseits von einer Schwalbe hatte, die dort Urlaub machte. Aber das Wenige genügte, um Reinmangel in spürbare Unruhe zu versetzen.

Kurz entschlossen packte er seine Sachen – sie passten in ein Taschentuch.

»Ich breche auf«, verkündete er. »Ich will Orte sehen, wo die Sonne scheint. Wie weit sind sie entfernt, hast du gesagt?«

»Äh«, erwiderte die Eule, die keine blasse Ahnung hatte. »Ein paar Meilen, denke ich. Vielleicht ein bisschen mehr.«

»Tschüs dann«, verabschiedete sich Reinmangel. »Könntest du lesen, würde ich dir eine Postkarte schicken.«

Er kletterte vom Baum und begab sich auf seine Reise.

Während Reinmangel der Straße nach Blackbury folgte, wusste er nicht, wie weit das Land mit dem Sonnenschein entfernt war. Es regnete schon wieder, und das hob seine Stimmung nicht unbedingt.

Nach einer Weile erreichte er einen Parkplatz. Ein Lastwagen stand dort – der Fahrer saß im Führerhaus und verspeiste gerade sein eingepacktes Mittagessen. Reinmangel hatte oft Lastwagen auf der Straße unweit seines Baumes vorbeifahren sehen. Er kletterte an einem Reifen hinauf und suchte unter der Plane nach einem warmen Platz für ein Nickerchen.

Der Laster war voller Kartons. Reinmangel öffnete einen davon, musste aber feststellen, dass er nur grässliche Dosen enthielt. Besonders bequem waren sie nicht, aber schließlich schlief er ein, gerade als der Lastwagen losfuhr, und zwar nach Blackbury.

Als Reinmangel erwachte, war es sehr dunkel im Karton, und er nahm in nächster Nähe jede Menge Lärm wahr. Schließlich kehrte Stille ein, und nachdem eine Zeit lang alles ruhig geblieben war, spähte der Wicht durch das Loch im Karton.

Als Erstes entdeckte er einen anderen Wicht, der mit freundlichem Lächeln zu ihm hinaufblickte.

»Hallo«, sagte der andere Wicht. »Gibt es Interessantes dort oben? Für mich sieht's nach einer weiteren Ladung Bohnen aus. Bitte hilf mir, eine Dose herauszuholen!« Mit dem Geschick eines erfahrenen Bergsteigers kletterte er an dem Karton herauf – er befand sich ganz oben auf einem Stapel – und begann zu nagen.

Sie nagten gemeinsam, bis eine Dose aus dem Karton rollte. An einer Schnur ließen sie sie hinab.

»Ich heiße Federhaupt«, stellte sich der andere Wicht vor. »Du bist neu hier, nicht wahr? Kommst du vom Land?«

»Ich hielt mich für den einzigen Wicht auf der Welt«, sagte Reinmangel.

»Oh, es gibt viele von uns«, erwiderte Federhaupt. »Wer will in einem hohlen Baum leben, wenn er in einem Warenhaus wie diesem wohnen kann?«

Sie rollten die Dose vor sich her und verließen damit den Lagerraum. Das Warenhaus war natürlich über Nacht geschlossen, aber mehrere Lampen brannten noch. Es kam zu einem ziemlich scheußlichen Moment, als sie sich vor einer Frau verbergen mussten, die den Boden wischte. Etwas später ging es eine Treppe hinauf, und schließlich erreichte Reinmangel das Zuhause der Wichte.

Sie hatten sich unter den Holzdielen zwischen Spielzeug- und Heimwerkerabteilung niedergelassen. Von den Spielwaren hatten sie sich Eisenbahnschienen ... äh, geborgt. Die Strecke führte bis zum Restaurant. Es gab sogar eine Telefonleitung zwischen dieser Siedlung und einigen Wichten, die eine Kolonie bei der Herrenbekleidung zwei Etagen tiefer gegründet hatten.

Dies alles war natürlich eine Riesenüberraschung für Reinmangel. Als er mit seinem neuen Freund Federhaupt und der gerollten Bohnenbüchse eintraf, fühlte er sich fehl am Platz. Die Wichte wohnten in kleinen Papphäusern unter den Dielen, mit Löchern in der Decke, durch die das Licht hereinfiel. Federhaupt rollte die Büchse in sein Haus und schloss die Tür.

»Hier ist es eindeutig besser als in meinem hohlen alten Baum«, befand Reinmangel und sah sich um.

»Ich nehme an, die anderen sind im Restaurant«, sagte Federhaupt. »Hier leben etwa dreihundert Wichte. Meine Güte, wie seltsam, dass du die ganze Zeit draußen gewesen bist, bei jeder Witterung! Die meisten Wichte wohnen seit vielen Jahren hier drinnen.«

Er führte Reinmangel über den Boden, durch ein Loch in der Backsteinmauer und über einen schmalen Sims. Dies sei der Aufzug, erklärte er. Natürlich konnten die Wichte den großen Aufzug benutzen, aber sie hatten einen kleineren an die Seite des Schachtes angebaut, nur für sie selbst. Angetrieben wurde er von einem Räderwerk.

Nach einer langen Fahrt den dunklen Schacht hinab gelangten sie in die Abteilung für Herrenbekleidung. Dort erwartete sie helles Licht, und einige Wichte arbeiteten an einer riesigen Nähmaschine.

»Guten Abend«, sagte einer, eilte herbei und rieb sich die Hände. »Hallo, Federhaupt! Was kann ich für dich tun?«

»Mein Freund hier im Mäusehautanzug ...«, begann Federhaupt. »Hast du was Schickes in Tweed für

ihn? Wir wollen doch nicht, dass ein Wicht aussieht wie gerade aus einem Pilz geschlüpft.«

Die Schneider der Wichtegemeinschaft arbeiteten hart und schnell. Innerhalb kurzer Zeit fertigten sie für Reinmangel einen neuen Anzug an, mit Stoff aus einem Musterbuch. Es blieb sogar noch etwas für einen guten Mantel übrig.

Federhaupt führte ihn wieder unter die Bodendielen, und sie suchten die Spielwarenabteilung auf, wo die meisten Wichte die Nacht verbrachten – sie schliefen, wenn das Warenhaus tagsüber geöffnet war.

Alle Lichter brannten. Zwei Wichte fuhren mit Mo-

dellautos über eine Rennbahn. Andere Wichte hatten eins der großen Fußballspiele ausgerollt und mit einer Partie begonnen, die viele Zuschauer anlockte.

»Kommen Menschen nie des Nachts hierher?«, fragte Reinmangel verblüfft. »Ich meine, ihr habt gar keine Wachen aufgestellt oder andere Vorsichtsmaßnahmen getroffen.«

»Oh, wenn die Reinigungskräfte fort sind, kommt niemand mehr«, erwiderte Reinmangel. »Wir haben alles für uns allein.«

Doch das stimmte nicht ganz.

Reinmangel bemerkte sie zuerst. Er sah von dem Fußballspiel auf und bemerkte ein großes grünes Auge, das durch die Tür blickte, die einen Spaltbreit geöffnet war. Er wusste nicht, dass das Auge einer Katze gehörte. Er dachte an einen Fuchs – und Füchse waren seiner Erfahrung nach gefährlich.

»Lauft um euer Leben!«, rief er.

Alle sahen die Katze, als sie die Tür aufdrückte. Mit schrillen Alarmrufen rollten einige Wichte den Teppich zurück und öffneten die Falltür zum Wohnbereich unter den Dielen. Aber es war zu spät.

Die Katze kam herein und starrte sie an.

»Steht ganz still!«, hauchte Reinmangel. »Sie erwischt euch, wenn ihr euch bewegt.«

Seine Worte klangen so eindringlich, dass die Wichte tatsächlich ganz still stehen blieben. Reinmangel überlegte rasch und lief zu einem der Spielzeugautos. Damit sauste er los, als die Katze die Verfolgung aufnahm.

Das Steuern des Modellautos fiel ihm nicht leicht, aber er schaffte es, die Spielwarenabteilung zu verlassen und die Katze von den anderen Wichten wegzulocken, bevor er gegen einen Stand mit Gartenschläuchen krachte. Er sprang aus dem Wagen und kletterte am Stiel einer Topfpflanze hinauf – einen Moment später war die Katze da und stürzte sich auf das Modellauto.

Vom obersten Blatt sprang Reinmangel in ein Regal und duckte sich hinter dort aufgestellte Campingteller – wobei er einige umstieß, wie ich leider hinzufügen muss.

Nach ungefähr einer halben Stunde hatte die Katze genug und wanderte fort. Reinmangel wartete noch etwas länger, bevor er nach unten zu klettern wagte.

Als er zu den Wichten unter den Dielen zurück-

PICNIC WARE
flasks

kehrte, herrschte dort Aufruhr. Einige Familien packten schon ihre Habseligkeiten, und es fanden laute Versammlungen statt.

Reinmangel eilte zu Federhaupt, der seine Sachen gerade in einer Teebüchse verstaute.

»Oh, hallo!«, sagte er. »Das war ziemlich schlau von dir, die Katze auf diese Weise wegzulocken.«

»Was machst du da?«

»Wir können nicht bleiben, wenn sich eine Katze in der Gegend herumtreibt«, sagte Federhaupt.

Es kam noch schlimmer. Der Nachtwächter, der sonst immer im Erdgeschoss blieb, kam nach oben, entdeckte die Gegenstände auf dem Boden, die zum Teil zerbrochen waren, und rief die Polizei.

Den ganzen nächsten Tag versuchten die Wichte zu schlafen, und nachdem das Warenhaus für die Nacht geschlossen worden war, fand eine große Versammlung statt. Die Wichte berieten sich und kamen überein, dass ihnen nichts anderes übrig blieb, als das Warenhaus zu verlassen. Aber wohin sollten sie ziehen?

Reinmangel stand auf und ergriff das Wort. »Warum

kehrt ihr nicht aufs Land zurück? Dort haben die Wichte früher gelebt.«

Dieser Vorschlag bestürzte alle. Ein dicker Gnom erwiderte: »Aber das Essen hier schmeckt so köstlich. Außerdem habe ich gehört, dass es auf dem Land wilde Tiere gibt. Einige sollen noch schlimmer sein als Katzen.«

»Wie sollen wir überhaupt dorthin gelangen?«, rief jemand. »Es sind viele, viele Meilen!«

In diesem Augenblick kamen zwei Wichte herein und zogen eine Untertasse mit blauem Pulver hinter sich her. Es stamme aus dem Restaurant und rieche seltsam, berichteten sie.

Reinmangel schnupperte daran. »Es ist Gift«, stellte er fest. »Sie halten uns für Ratten oder Mäuse! Ich sage euch: Wenn ihr nicht bald aufbrecht, droht euch allen der Tod.«

»Ich glaube, er hat recht«, sagte Federhaupt. »Aber was erwartet uns draußen? Denkt nur an die Straßen, die wir überqueren müssen!«

Im Verlauf der nächsten Tage wurde die Situation für die Wichte immer schlimmer, was nicht nur an der Katze lag. Nachtwächter gingen nach Ladenschluss Streife durchs Warenhaus, und die Wichte wagten ihr Zuhause unter den Dielen kaum noch zu verlassen. Mit Modellautos herumzufahren oder Fußball zu spielen – so etwas kam nicht mehr infrage.

Aber wie sollten sie das Warenhaus verlassen? Ihnen allen graute bei der Vorstellung, eine Stadt voller Gefahren zu durchqueren. Es gab die Lastwagen, die jeden Tag neue Waren brachten, aber nur wenige tapfere Wichte waren bereit, sich als blinde Passagiere von ihnen mitnehmen zu lassen. Außerdem wusste niemand, wo sie anhalten würden.

»Wir müssen so viel mitnehmen!«, stöhnte der oberste Wicht. Er saß traurig auf einer leeren Garnrolle. »Schnüre, Stoff und alle Arten von Dingen. Außerdem Lebensmittel. Andernfalls würden viele der älteren Wichte auf dem Land keine fünf Minuten überleben. Weißt du, wir hatten hier ein so einfaches Leben.«

Reinmangel kratzte sich am Kopf. »Verstehe. Aber

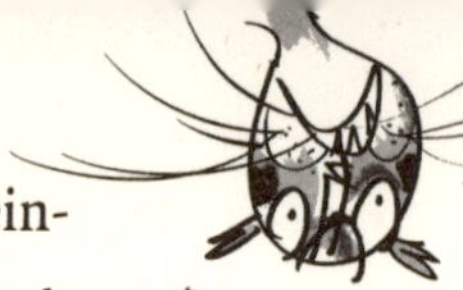

früher oder später müsst ihr dieses einfache Leben aufgeben. Wo steckt Federhaupt?«

Federhaupt hatte einen Vorstoß in die Buchabteilung angeführt und wollte herausfinden, ob es Bücher über das Landleben gab, die sie mitnehmen konnten. Als der Morgen bereits dämmerte, kehrte der müde Trupp zurück und zog eine große Papiertüte hinter sich her.

»Fast hätte uns der Nachtwächter entdeckt«, brummte Federhaupt. »Aber wir haben einige Bücher gefunden.«

Ein Buch in der Tüte hatte zwar nichts mit dem Leben auf dem Land zu tun, enthielt aber viele Bilder, und deshalb sah Reinmangel es sich an.* »*Fahren lernen*«, las er langsam. Einige Worte erriet er, indem er sich die Bilder darüber ansah – eine Abbildung zeigte einen Menschen am Steuer eines Wagens. »Hmm.« Nach einigen Versuchen gelang es ihm, das Buch zu öffnen,

* Er hatte sich das Lesen durch Betrachten der Papierfetzen beigebracht, die der Wind an seinem Baum vorbeiwehte, und viele von ihnen waren ebenfalls voller Bilder gewesen. Es bedeutete, dass er nützliche Wörter in der Art von *Hier öffnen*, *Biologisch abbaubar* und *Besonders schmackhaft, mit Farbstoffen* kannte. Mit komplizierten Dingen wie zum Beispiel »Der Hund saß auf der Matte« hatte er aber Probleme.

und auf der ersten Seite sah er das Armaturenbrett eines Fahrzeugs.

Reinmangel schwieg eine Zeit lang.

»Das ist alles sehr interessant, aber ich fürchte, du bist nicht groß genug, um einen Wagen der Menschen zu fahren«, sagte der oberste Wicht.

»Nein«, erwiderte Reinmangel. »Aber vielleicht ... Federhaupt, zeigst du mir, wo die Laster für die Nacht geparkt sind? Ich habe da einen Vorschlag ...«

Früh am nächsten Abend begaben sich die beiden Wichte in die große Tiefgarage. Die Reise dauerte eine Weile, denn sie mussten sich dabei abwechseln, das Buch über das Fahren hinter sich herzuziehen.

Die Untersuchung des Lastwagens nahm die ganze Nacht in Anspruch. Als sie in die Spielwarenabteilung zurückkehrten, waren sie müde und voller Ölflecken.

Reinmangel rief die Wichte zusammen. »Ich glaube, wir können diesen Ort verlassen und unsere Habseligkeiten mitnehmen«, sagte er. »Aber es wird nicht einfach sein. Wir müssen nämlich einen Lastwagen fahren, wisst ihr.«

Er zeichnete Diagramme, um sein Vorhaben zu erklären. Hundert Wichte sollten das Lenkrad drehen und fünfzig weitere den Schaltknüppel betätigen. Andere Gruppen erhielten die Aufgabe, zum richtigen Zeitpunkt die Pedale zu drücken. Der Plan sah außerdem vor, dass ein Wicht am Rückspiegel hing und mit einem Megaphon Anweisungen erteilte.

»Scheint alles klar zu sein«, meinte Reinmangel. »Wenn ich es richtig verstehe, kommt es beim Fahren darauf an, zum richtigen Zeitpunkt Vorrichtungen zu drücken und zu ziehen.«

Ein älterer Wicht stand auf. »Ich weiß nicht so recht«, sagte er nervös. »Mir scheint, es muss noch mehr hinter dem Fahren stecken.«

Aber viele der jüngeren Wichte waren begeistert,* und so fand der Plan immer mehr Befürworter.

Für den Rest der Woche hatten die Wichte ziemlich viel zu tun. Einige von ihnen stahlen Schnur aus der Abteilung für Haushaltswaren, und die wissenschaftlichsten Wichte besuchten des Nachts mehrmals die Laster, um zu messen, zu experimentieren und heraus-

* Insbesondere jene, die in der Spielwarenabteilung mit den Modellautos gefahren waren. Wie viel schwieriger konnte es sein, einen Laster zu fahren? Einige der Modellautos setzten sich in den Kurven sogar zur Wehr.

zufinden, wie die Technik funktionierte. Die älteren Wichte rollten unterdessen ihre Habe durchs Warenhaus und stapelten sie in der Tiefgarage bei den Lastwagen.

Eine Gruppe sorgfältig ausgewählter Kletterer entdeckte den Platz, an dem die Lastwagenschlüssel aufbewahrt wurden (an einem Haken hoch oben im Büro). Reinmangel beschäftigte sich in der Zwischenzeit mit Straßenkarten und fragte sich, welchen Zweck die Straßenverkehrsordnung wohl erfüllte.*

Schließlich kam der Tag des Auszugs.

»Wir müssen schnell sein«, sagte Reinmangel, als sie am Ende des Tages hörten, wie die letzten Angestellten das Gebäude verließen. »Kommt, es geht los!«

Während die Wichte ihre Habseligkeiten durch das Garagendach zum Lastwagen hinabließen, krochen Reinmangel und ein Stoßtrupp aus jungen Wichten durch ein Loch beim Bremspedal.

Das Führerhaus glich einem riesigen leeren Saal. Das Lenkrad schien sehr groß zu sein und sich weit, weit oben zu befinden. Die Wichte bildeten eine Pyra-

* Es gab seltsame Schilder, wie zum Beispiel »Baustelle«. Reinmangel verstand nicht ganz, warum Fahrer irgendwo eine Stelle bauen sollten.

mide, und Reinmangel kletterte auf den Rücken des obersten Wichtes – von dort aus gelang es ihm, ein Seil über das Lenkrad zu werfen. Kurze Zeit später standen mehrere Strickleitern zur Verfügung, und sie konnten sich an die Arbeit machen.

Der Plan sah vor, den Laster mit zwei am Lenkrad befestigten Seilen zu steuern, mit jeweils fünfzig Wichten an einem Seil. Während entsprechende Vorbereitungen getroffen wurden, errichteten andere Wichte eine Plattform vor der Windschutzscheibe, gerade groß genug für Reinmangel, damit er dort stehen und mit einem Megaphon Anweisungen geben konnte.

Weitere Wichte trafen ein und wurden von Federhaupt zu ihren Einsatzorten geschickt. Es dauerte nicht lange, bis überall im Führerhaus Strickleitern, Flaschenzüge und zerbrechlich wirkende hölzerne Plattformen hingen. Hinzu kamen zahlreiche Wichte an Hebeln und Leinen.

Der große Moment nahte, als man den Zündschlüssel nach oben zog und zwei muskulöse Wichte ihn ins Zündschloss steckten. Sie drehten ihn, und Lichter gingen an.

»In Ordnung«, sagte Reinmangel und blickte auf

die wartende Menge hinab. »Dies ist eine schwierige Angelegenheit. Bringen wir's hinter uns!«

Federhaupt trat zu ihm auf die Plattform und zog das Buch *Fahren lernen* sowie eine Straßenkarte von Blackbury zu ihnen hoch.

»Wenn ich *Los!* sage, muss die Starterknopfgruppe ordentlich drücken, und die ... äh ... Gaspedalgruppe drückt dann ebenfalls, und zwar kurz aufs Gaspedal«, sagte er ein wenig unsicher. »Die Wichte an Kupplung und Schaltknüppel halten sich bereit. Los!«

Natürlich klappte es nicht so einfach. Es dauerte eine Weile, bis die Gnome herausfanden, wie der Mo-

tor anzulassen war. Aber schließlich lief er und erfüllte das Führerhaus mit einem tiefen, satten Brummen.

»Scheinwerfer ein! Kupplung betätigen! Erster Gang!«, rief Reinmangel. Es krachte und quietschte mehrmals, und der große Laster setzte sich in Bewegung.

»He, was ist mit dem Garagentor?«, rief Federhaupt.

Der Lastwagen rollte weiter. Es gab einen lauten *Knall*, und das Garagentor stellte kein Problem mehr dar. Der Laster erreichte die Straße.

»Nach links!«, schrie Reinmangel heiser. »Und jetzt geradeaus!«

Mehrere Minuten lang war das Führerhaus voller Rufe und Lärm, als die Wichte die Kontrollen betätigten. Der Lastwagen schlingerte von einer Seite zur anderen und fuhr einmal sogar auf den Bürgersteig, aber wenigstens blieb er in Bewegung. Reinmangel fasste sogar genug Mut, um einen Gangwechsel anzuordnen.

Durch die dunklen Straßen von Blackbury rumpelte der Laster und stieß gelegentlich gegen Laternenpfähle. Dann und wann war ein grässliches *Klonk* zu hören, wenn der Gang gewechselt wurde.

Das Steuern erwies sich als größtes Problem. Wenn die Wichte tief unten Reinmangels Anweisungen hörten, war es oftmals schon zu spät. Zum Glück befanden sich um diese Zeit der Nacht keine anderen Fahrzeuge auf der Straße. Andernfalls wäre es vermutlich zu einem scheußlichen Unfall gekommen.

Sie überfuhren rote Ampeln, erreichten die Hauptstraße von Blackbury und stießen einen Briefkasten um. Federhaupt starrte in den großen Rückspiegel hoch oben – er zeigte den Verkehr hinter ihnen.

»Hinter uns ist ein Wagen mit einem blinkenden blauen Licht auf dem Dach«, sagte er im Plauderton. »Hört nur! Er macht ein Geräusch wie eine Sirene.«

»Sehr schön, zweifellos«, stimmte Reinmangel zu, der gar nicht richtig zuhörte. »Reißt euch am Riemen, ihr da unten! Die Straße ist gerade und führt aus der Stadt hinaus. In den höchsten Gang schalten!«

Es *knirschte* und *krachte*, aber inzwischen hatten die Wichte einigermaßen den Dreh heraus, und der Lastwagen wurde schneller, rollte aber noch immer von einer Straßenseite zur anderen.

»Der Wagen mit dem blinkenden Licht versucht uns zu überholen«, sagte Federhaupt. »Donnerwetter! Diesmal hätten wir ihn fast getroffen.« Er reckte den Hals und blickte erneut in den Rückspiegel. »Drinnen sitzen zwei Menschen mit Mützen«, fügte er hinzu. »Meine Güte, sie sehen ziemlich wütend aus!«

»Vielleicht hat sich jemand darüber geärgert, dass wir die Laternenpfähle umgefahren haben«, spekulierte Reinmangel. »Ich nehme an, so etwas sollte eigentlich nicht passieren.« Während er dies sagte, sah er leider nicht in die Richtung, in die sie fuhren …

Der Lastwagen kam von der Straße ab und durchstieß eine Hecke. Das Feld dahinter war gepflügt, und die Wichte mussten sich festhalten, als der Laster heftig ins Schaukeln geriet.

Der Streifenwagen kam mit quietschenden Reifen zum Stehen. Die beiden Polizisten sprangen heraus und rannten übers Feld.

Der Laster polterte durch eine zweite Hecke und erschreckte eine Kuhherde.

Reinmangel blickte durchs Fenster. Weiter vorn erwartete sie ein Wald, und dahinter kletterten Even Moors von Heidekraut bedeckte Hänge gen Himmel.

»Bereitet euch darauf vor, den Laster zu verlassen!«, rief er. Sie rasten in den Wald, und schließlich blieb der Lastwagen in einem Brombeerdickicht stecken. Plötzlich war es sehr still.

Es folgten fünf emsige Minuten, als die Wichte ihre Habe abluden. Als die beiden Polizisten eintrafen, war weit und breit kein Wicht mehr zu sehen. Reinmangel und Federhaupt saßen hoch oben auf einem Brombeerzweig und beobachteten, wie die Männer den verlassenen Laster umrundeten und sich am Kopf kratzten. Sie sahen sich das Innere des Führerhauses an, bemerkten natürlich die Seile und kleinen Strickleitern, und gingen in ein Streitgespräch vertieft davon.

Als sie weg waren, krochen die Wichte aus ihren Verstecken und versammelten sich um Reinmangel.

»Even Moor ist nur einen kurzen Marsch entfernt«, sagte er. »Morgen Nacht können wir dort sein. Den Tag verbringen wir hier und verstecken uns.«

Die Wichte entzündeten Feuer und machten sich an die Zubereitung des Frühstücks. Sie kochten Tee, verteilten Tassen und tranken auf ihr neues Zuhause. Viele von ihnen fragten sich, wie es wäre, nach so langer Zeit in der Stadt wieder auf dem Land zu leben. Viele der Kleinen – ich meine die Wichte, die noch kleiner waren als die anderen – freuten sich darauf. Aber sie alle wussten, dass harte Arbeit vor ihnen lag.

Früh am nächsten Morgen erzählte ein zum Frühstück heimkehrender Wilderer seiner Frau von Lichtern, die er am Hang von Even Moor gesehen haben wollte.

Sie glaubte ihm nicht.

Vielleicht glaubt ihr ihm.

Von Terry Pratchett liegen bei Piper vor:

Die Teppichvölker

Die Teppichvölker. Illustrierte Ausgabe

Die dunkle Seite der Sonne

Strata

Die Farben der Magie

Das Licht der Fantasie

Das Erbe des Zauberers

Gevatter Tod

Der Zauberhut

MacBest

Pyramiden

Wachen! Wachen!

Eric

Die Schlacht der Nomen. Tucker · Wühler · Flügel

Ein gutes Omen. Der völlig andere Hexenroman
(mit Neil Gaiman)

Rincewind der Zauberer. Vier Scheibenwelt-Romane

Schlamassel auf der Scheibenwelt.
Pyramiden · MacBest

Die Teppichvölker · Strata.
Zwei Romane in einem Band

Gevatter Tod · MacBest. Zwei Romane in einem Band

Wachen! Wachen! · Der Zauberhut.
Zwei Romane in einem Band

Wachen! Wachen! · Das Erbe des Zauberers.
Zwei Romane in einem Band

Die Farben der Magie · Das Licht der Phantasie.
Zwei Romane in einem Band

Der Zauberhut · Pyramiden.
Zwei Romane in einem Band

Die Gelehrten der Scheibenwelt. Die Wissenschaft der Scheibenwelt 1 (mit Ian Stewart, Jack Cohen)

Die Philosophen der Rundwelt. Die Wissenschaft der Scheibenwelt 2 (mit Ian Stewart, Jack Cohen)

Darwin und die Götter der Scheibenwelt. Die Wissenschaft der Scheibenwelt 3 (mit Ian Stewart, Jack Cohen)

Das Jüngste Gericht. Die Wissenschaft der Scheibenwelt 4 (mit Ian Stewart, Jack Cohen)

Die Wissenschaft der Scheibenwelt. Komplett in einem Band (mit Ian Stewart, Jack Cohen)

Der ganze Wahnsinn

Dunkle Halunken

Jack Dodgers London Guide

Dralle Drachen

Die staubsaugende Schreckschraube

Scheibenwelt. Das Malbuch

Ernsthaft lustig

ENTDECKE
NEUE WELTEN
MIT PIPER FANTASY
Mach mit und gestalte deine eigene Welt!
PIPER
www.piper-fantasy.de